현대인을 위한 창세기

〈천지창조와 에덴동산 편〉

현대인을 위한 창세기

초판 1쇄 인쇄 2015년 06월 08일
지은이 | 임광식
펴낸이 | 이승훈
펴낸곳 | 해드림출판사
주 소 | 서울 영등포구 경인로 82길 3-4(문래동1가 39)
센터플러스빌딩 1004호(우편150-091)
전 화 | 02-2612-5552
팩 스 | 02-2688-5568
e-mail | jlee5059@hanmail.net
등록번호 | 제87-2007-000011호
등록일자 | 2007년 5월 4일

ISBN 979-11-5634-085-0

현대인을 위한

창세기

〈천지창조와 에덴동산 편〉

임광식 지음

해드림출판사

서문

우리가 기억해야 할 것

"성경이란 무엇인가?"

성경은 하나님과 인간과 만물에 대하여 소개하는 책이다.

특히, 그들의 존재와 관계를 설명해주는 책이다. 하나님은 어떤 존재이며 인간은 어떤 존재인지를 설명해준다. 그리고 만물이 어떻게 존재하게 되었는지를 설명해준다. 그리고 성경은 그들의 관계를 설명한다. 하나님과 인간의 관계, 인간과 인간의 관계, 그리고 모든 만물의 관계를 설명한다. 이들의 관계가 어떻게 시작되었고 어떻게 변질되었으며 어떻게 회복되는지를 설명하는 것이 바로 성경이다.

그리고 성경은 죄와 구원에 관하여 소개하는 책이다.

성경은 인간이 행복을 잃고 죽음과 질병과 고통을 당하는 이유를 죄 때문이라고 말한다. 성경에서 말하는 '죄'는 관계의 단절을 의미한다. 죄로 인하여 인간과 하나님의 관계가 단절되었다. 또한 사람과 사람 사이의 관계도 단절되었다. 성경에서 말하는 '구원'이란 관계의 회복을 의미한다. 구원의 가장 큰 의미는 인간과 하나님의 관계회복이다. 또한, 사람과 사람 사이의 관계회복도 의미한다. 이처럼 성경은 죄와 구원을 소개하는 책이다.

이러한 측면에서 창세기는 매우 중요하다.

왜냐하면, 창세기에서 모든 존재가 시작되기 때문이다. 창세기는 하나님이 등장하고 시간과 공간 그리고 인간을 포함한 모든 만물이 시작된다. 그로 인하여 관계도 처음 시작된다. 하나님과 인간의 관계가 처음 시작된다. 인간과 인간의 관계도 처음 시작된다. 그리고 또한 처음으로 관계가 변질되기 시작한다. 따라서 창세기를 정확하게 알게 되면 우리는 곧 모든 존재와 관계의 본질을 이해할 수 있게 된다. 또한, 죄와 구원의 깊은 의미와 사랑을 깨닫게 된다. 그래서 창세기를 정확하게 알고 이해하는 것은 성경을 전체적으로 통찰하고 관조할 수 있는 힘을 얻는 것이다.

그러나 우리가 기억해야 할 것이 있다.

그것은 바로 성경은 믿음의 대상이라는 점이다. 아무리 정확하게 알고 이해한다고 할지라도 믿음을 넘어설 수 없다는 점이다. 성경을 해석하고 이해하는 것은 매우 중요하다. 하지만 이것에만 집중한다면 우리는 스스로 올무에 걸리게 된다. 우리가 성경을 알고 이해하는 목적은 우리의 믿음을 더욱 견고히 하기 위해서이다. 성경의 해석과 이해는 믿음을 기반으로 세워지는 것이다. 성경의 해석이 믿음을 흔들 수는 없다. 성경의 해석으로 믿음이 흔들린다면 그것은 해석이 잘못된 것이다. 우리는 이것을 잊지 말아야 한다. 이러한 관점에서 우리의 창세기 여행은 시작될 것이다.

우리는 최첨단의 과학과 문명의 시대를 살고 있다

따라서 고대로부터 내려오는 창세기의 이야기가 우리에게 매우 모순되게 보일 수 있다. 그러나 단언컨대 창세기는 결코 모순되지 않다. 나는 현대인들에게 창세기가 어떻게 읽히고 해석될 수 있는지를 소개하고자 한다. 창세기가 말하는 하나님과 천지창조, 인간의 등장과 타락, 죄와 저주의 시작, 하나님의 구원계획이 이 시대의 우리에게 어떻게 이해되고 적용될 수 있는지를 설명하고자 한다. 창세기가 결코 허무맹랑한 소설과 같은 이야기가 아님을 이 책을 통해서 알게 될 것이다.

차례

창세기 2장

창세기 3장

1편 : 시간과 공간을 만들다

2편 : 창조가 시작될 때의 모습

3편 : 빛이 만들어지다 〈 첫째 날 〉

4편 : 물로 하늘을 나누다 〈 둘째 날 〉

5편 : 물에서 뭍이 드러나고 식물이 자라나다 〈 셋째 날 〉

6편 : 해와 달과 별들이 나타나다 〈 넷째 날 〉

7편 : 바다와 하늘에 동물들이 나타나다 〈 다섯째 날 〉

8편 : 땅에 동물들이 나타나다 〈 여섯째 날 〉

9편 : 땅에 사람이 나타나다 〈 여섯째 날 〉

10편 : 사람과 동물에게 먹을 것을 정하시다 〈여섯째 날〉

창세기 1장

창세기 1장을 시작하면서……

창세기 1장은 하나님의 천지창조 이야기이다.

"태초에 하나님이 천지를 창조하시니라(창1:1)."

여기에서 '태초'는 시간의 시작이다. 그리고 '천지'는 공간의 시작이다. '태초에 하나님이 천지를 창조했다'는 말은, 하나님이 시간의 시작과 함께 공간을 펼치고 그곳에 지구를 만들었다는 의미이다.

이것은 우리에게 천지창조의 범위를 알려준다. 하나님의 천지창조의 범위는 시간과 공간으로 한정되었다. 따라서 천지창조란 '시간'과 '공간' 안에 만들어진 모든 만물을 말한다. 이것이 하나님의 천지창조이다.

시간과 공간에 최초로 나타난 존재는 '지구'이다. 지구는 우주 공간에 존재하는 하나의 행성이다. 하지만 성경에서 말하는 지구는 그 위에 나타나게 될 생명체들을 위한 영역으로 분류된다. 따라서 하나님은 천지창조의 범위를 시간과 공간 그리고 지구로 한정하였다.

시간과 공간은 천지창조의 가장 넓은 경계로서 영역이다. 하지만 지구는 천지창조의 중심 영역이다. 하나님의 천지창조는 지구를 중심으로 전개된다. 왜냐하면, 하나님의 천지창조 목적은 지구 위에 나타날 생명체들이며 그 핵심은 인간이기 때문이다.

< 시간과 공간의 창조 >

시간과 공간이 만들어지다

시간과 공간은 무엇인가? 시간과 공간은 영역이다. 시간은 흐르는 영역이고 공간은 정지한 영역이다. 이것들은 인간이 경험할 수 가장 넓은 단위의 영역이다. 시간과 공간보다 더 넓은 영역을 인간은 경험할 수 없다. 인간이 인식할 수 있는 존재는 모두 시간과 공간 안에 있다. 그래서 우리는 시간과 공간을 영역의 전부라고 생각한다.

그런데 성경은 시간과 공간이 하나님에 의해서 만들어졌다고 소개한다. 시간과 공간은 그 시작이 있었던 것이다. 하나님에 의해서 시간과 공간이 시작되었다. 하나님이 시간과 공간을 창조한 것이다. 이것은 우리에게 어떤 의미를 주는가? 이것은 '하나님이 시간과 공간보다 더 높은 영역에 있다.'는 것을 의미한다. 왜냐하면 영역이란, 높은 영역 안에 낮은 영역이 존재하기 때문이다.

예를 들면 다음과 같다. 점은 선 안에 있다. 그리고 선은 면 안에 있다. 그리고 면은 공간 안에 있다. 이는 또한, 면 안에 공간이 존재할 수 없고 선 안에 면이 존재할 수 없으며 점 안에 선이 존재할 수 없는 것과 같다. 이것이 영역의 원리이다.

시간과 공간보다 높은 영역

그리고 '시간과 공간이 만들어졌다.'는 것은 시간과 공간이 가장 넓은 영역이 아니라는 뜻이다. 시간과 공간보다 더 넓고 높은 차원의 영역이 있다는 의미를 내포한다. 하나님이 시간과 공간을 창조했다는 것은 '하나님이 시간과 공간보다 더 높은 영역에 있는 분이다.'는 것을 또한 의미한다.

시간과 공간이 만들어졌다는 것은 성경에서만 말하지 않는다. 천체물리학의 빅뱅이론도 시간과 공간이 동시에 시작되었음을 말하고 있다. 이처럼 영역으로서 시간과 공간이 만들어졌다는 것은 그보다 더 넓은 영역이 있다는 것을 반증한다. 바로 그곳에 하나님이 있었다.

성경은 그곳을 '하나님의 나라' 또는 '천국'이라고 소개한다. 그곳은 시간과 공간보다도 높은 차원의 영역이다. 그래서 성경은 이곳을 '영적인 영역'이라고 말한다. 따라서 영적인 영역 안에 시간과 공간이라는 작은 영역이 펼쳐진 것이다. 이것이 천지창조이다.

하나님을 볼 수 없는 이유

우리 인간은 시간과 공간의 영역 안에 존재한다. 시간과 공간은 우리 인간이 경험할 수 있는 가장 넓은 단위의 영역이다. 시간과 공간을 넘어서서 인간이 인지할 수 없다. 인간이 인지할 수 있는 영역은 오직 시간과 공간의 범위 안으로만 한정된 것이다.

그러므로 하나님의 존재에 대하여 인간이 인지할 수 없는 것이다. 왜냐하면, 하나님은 시간과 공간 안에 있지 않기 때문이다. 그분은 시간과 공간을 넘어서 존재한다. 그래서 인간이 그를 인식할 수 없는 것이다.

그러면 인간이 하나님을 인식할 수 없으므로 "하나님이 없다"라고 말하는 것은 옳은가? 절대 그렇지 않다. 그분이 없는 것이 아니라 우리가 하나님을 인식할 수 없는 것뿐이다. 이것이 시간과 공간 안에 존재하는 인간의 모습이다.

1편 시간과 공간을 만들다

1. 태초에 하나님이 천지를 창조하시니라.

| 1절. 태초에 하나님이… |

시간이 시작되다

태초는 시간의 시작이다. 하나님의 창조는 시간의 시작과 함께 출발한다. 시간이란 흐르는 영역이다. 영역이란 존재를 담는 그릇과도 같다. 하나님은 시간이라는 영역을 만들었다. 왜냐하면, 시간 안에 존재를 담기 위해서이다. 하나님은 시간이라는 영역 안에 존재를 만드신다. 이것이 천지창조이다.

따라서 천지창조로 만들어진 모든 존재는 시간의 영역에 속한 것이다. 시간에 속하지 않는 존재는 없다. 이것이 시간과 존재의 관계이다. 시간은 존재를 담아내는 가장 넓은 단위의 영역이다. 우리에게 시간은 가장 넓고 절대적인 영역이다.

시간을 만드신 이유

하나님이 시간 안에 존재를 만드신 이유는 무엇인가? 그 이유는 '모든 존재가 영원하지 않다.'는 것을 우리에게 알려주기 위해서이다. 하나님이 천지창조로 만드신 모든 만물은 영원하지 않다. 그들은 일정 시간 동안을 세상에 존재하다가 사라진다. 이것이 만물의 존재이다.

성경 창세기 1장 1절은 태초라는 시간의 시작을 소개한다. 시간이 처음 시작될 때에 하나님이 있었다. 왜냐하면, 하나님은 시간과 무관하게 존재하는 신이기 때문이다. 하나님이 시간과 무관하게 존재한다는 것은 곧 시간에 속하지 않은 높은 차원의 영역이 있다는 것이다. 그곳이 바로 '하나님의 나라' 또는 '천국'이다. 이곳이 바로 하나님이 존재하는 영역이다.

하나님의 나라는 시간의 영역에 포함되지 않는다. 오히려 시간이라는 영역이 하나님의 나라 안에 들어있는 것이다. 시간이라는 영역보다 더 큰 영역이 하나님의 나라이다. 하나님은 하나님의 나라 안에 '시간'이라는 새로운 영역을 펼치신 것이다.

시간이란 무엇인가?

그렇다면 시간이란 과연 무엇인가? 시간을 논리적으로 정의하면 다음과 같다. '시간은 미래가 현재를 지나 과거로 흘러가는 세월의 흐름이다.' 여기에서 미래, 현재, 과거는 각각의 독특한 특징이 있다. 미래는 다가올 시간이다. 현재는 미래가 과거로 바뀌는 순간이다. 과거는 지나가 버린 시간이다.

여기에서 미래, 현재, 과거라는 시간을 존재하고 연결하면 어떻게 될까? 미래, 현재, 과거 중 실제로 존재하는 시간은 무엇인가? 미래는 존재할 시간이고 과거는 존재했던 시간이다. 그러므로 미래나 과거는 실제로 존재하는 시간이 아니다. 실제로 존재하는 시간은 오직 '현재'뿐이다.

현재란 무엇인가?

그렇다면 '현재'라는 시간은 무엇인가? 현재를 논리적으로 정의하면 다음과 같다. '현재는 가장 가까운 미래가 가장 가까운 과거로 바뀌는 시간'이다. 즉 현재란 '미래와 과거가 만나는 순간'을 말한다. 현재는 한마디로 '순간'이다. 우리가 "현재"라고 말하는 순간 현재는 곧 '과거'가 되어 버리기 때문이다. 그래서 우리는 '현재'를 시간이라 하지 않고 '시각'이라고 표현한다. 또는 '순간'이라고 정의하는 것이다.

따라서 현재라는 시간은 물리적으로 존재하지 않다. 수로 표현하자면 0(zero)과 같다. 시간으로서 간격이 없는 0과 같다. 현재는 미래와 과거가 만나는 점이다. 이것을 물리적으로 표현하면 '점'이고 수학적으로 표현하면 '0'이다. 결국, 현재란 실제로 존재하는 시간이 아니라는 것이다. 현재란 미래와 과거가 만나는 순간으로 실존하는 시간이 아니라 인간의 감각이 인식하는 순간이다.

시간과 존재의 관계

우리는 "무엇이 존재한다."라고 말할 때는 반드시 그것이 '현재'라는 시간에 있어야만 한다. 만약 그것이 과거나 미래에 있을 때에는 "존재했었다" 또는 "존재할 것이다"라고 말한다. 이처럼 현재에 없을 때에는 이를 존재한다고 하지 않는다. 존재라는 것은 오직 현재라는 시간을 공유해야만 한다.

그러나 지금까지 우리가 살펴보았듯이 '현재'라는 시간은 실존하는 시간이 아니라 인지되는 '순간'이다. 시간은 영역으로서 존재를 담는 그릇과 같다. 그러나 존재를 담을 수 있는 시간은 오직 현재뿐이다. 그런데 현재는 존재하지 않는다. 따라서 인간이 인식하는 존재란 불변하는 실존이 아닌 것이다. 우리는 매우 체계적이고 논리적이며 감각적인 허상의 세계를 살고 있다는 것을 깨닫게 된다.

| 1절. …천지를 창조하시니라 |

공간을 창조하다

천지는 공간을 대표하는 표현이다. 하나님이 천지를 창조했다는 뜻은, 하나님이 공간을 펼치고 그곳에 지구를 만들었다는 뜻이다. 하나님이 공간을 펼쳤다는 것은 하나님이 공간보다 더 높은 영역에 존재한다는 뜻이다. 하나님은 공간에 존재하는 분이 아니다. 공간에 구속을 받는 분이 아닌 것이다. 하나님이 속한 영역은 세상의 공간이 아니다. 하나님이 속한 영역은 세상의 공간과 다른 높은 차원의 영역이다. 그래야만 공간이라는 영역이 만들어 질 수 있게 된다.

공간은 영역이다. 영역은 '높은 영역'도 있고 '낮은 영역'도 있다. 논리적으로 영역은 '높은 영역' 안에 '낮은 영역'이 존재한다. 공간과 면을 생각해 보자. 공간도 영역이고 면도 영역이다. 공간과 면을 비교하면 공간은 면보다 높은 영역이다. 두 영역의 관계를 살펴보면 공간 안에 면이 존재한다. 그러나 면 안에 공간은 존재할 수 없다. 즉 높은 영역 안에 낮은 영역이 존재하는 것이다. 이것이 높은 영역과 낮은 영역의 관계이다.

그러므로 영역이 창조되기 위해서는 창조될 영역보다 더 높은 영역이 있어야 하는 것이다. 그래야만 영역이 창조될 수 있다. 공간이 창조되었다는 것은 공간보다 더 높은 영역이 있다는 것이다. 성경은 그곳을 '하나님의 나라' 즉 '천국'이라고 말한다.

'영역을 창조한다.'는 것은 기존에 있는 영역을 나누어서 공유하는 것이 아니다. 기존에 없었던 새로운 영역을 만드는 것이다. '공간을 창조하다.'는 것은 기존에 있는 공간에 작은 공간을 나누어서 만든 것이 아니다. 공간이라는 새로운 영역을 만드는 것이다. 이것이 천지창조이다. '하나님이 천지를 창조했다'는 것은 하나님의 나라에서 그보다 낮은 영역인 공간이 새로 창조되었다는 것이다. 즉 하나님의 나라는 공간보다 더 높은 차원의 영역이라는 것이다.

공간을 만드신 목적

하나님이 영역을 만드시는 목적이 무엇일까? 그것은 존재를 담기 위해서이다. 영역은 그 특성에 적합한 존재를 담아내는 것이다.

예를 들어보자. 화실에 도화지가 펼쳐있다고 생각해보자. 화실은 공간이라는 영역이고 도화지는 평면이라는 영역이다. 화실이라는 공간의 영역에는 화가라는 존재가 속한다. 하지만 도화지라는 평면의 영역에는 그림이라는 존재가 속하는 것이다.

'하나님이 천지를 창조했다'는 것은 마치 화실에 있는 화가가 그림을 그리기 위해서 도화지를 펼친 것과 같다. 화가는 화실에 속하는 것처럼 하나님은 천국에 속하는 존재이다. 그림이 도화지에 속하는 것처럼 피조물은 공간에 속하는 것이다. 이것이 천지창조의 모습이다.

영의 세계

천국에 대해서 생각해보자. 천국은 하나님의 나라로 불리는 영의 세계이다. '영의 세계'는 무엇인가? 우리가 상상하는 영의 세계는 실체가 없는 꿈같은 의식 정도로 생각하는 경우가 많다. 그러나 성경에 의하면 '하나님의 나라' 곧 '영의 세계'는 우리가 사는 시간과 공간의 세계보다 더 높은 차원의 세계이다.

영역이 더 높다는 것은 그 영역에 속한 존재가 더 높은 차원이라는 것이다. 그것은 마치 면에 그려진 꽃보다는 공간에 존재하는 꽃이 더 실체적인 것과 같다. 그가 어떤 영역에 속했는가에 따라서 그의 존재가치가 결정되는 것이다. 높은 영역에 존재한다는 것은 그 존재가 더 완벽하고 더 실체적이라는 뜻이다.

인간은 죽음을 통해서 공간을 벗어난다. 우리는 죽음으로 육체를 벗는다. 그리고 우리의 영은 영의 세계로 가는 것이다. 우리는 죽음 후에 맞이하는 영의 세계를 마치 '꿈같은 세상'으로 생각할 때가 많다. 그러나 결코 그렇지 않다. 우리가 죽음 후에 맞이하는 영의 세계는 공간의 세계보다 더 높은 차원의 영역이다. 따라서 영의 세계는 우리가 사는 공간보다 더 실체적이다. 오히려 지금 우리의 세상이 더 꿈과 같고 허망한 것이다.

죽음은 잠드는 것이 아니라 깨어나는 것이다. 죽음은 사라지는 것이 아니라 나타나는 것이다. 그래서 우리는 죽음 이후를 대비해야 한다. 죽음 이후의 세상은 더 완벽하고 더 온전한 세상이기 때문이다. 따라서 우리는 이를 준비해야 하는 것이다. 우리는 '육체'라는 불완전한 실체를 입고 있다. 우리의 '육체'가 죽음으로 깨어질 때 우리의 진정한 본질인 영이 일어난다. 마치 계란이 본질인 줄 알고 살았는데 부화되어 계란이 깨어지는 날 진짜 본질인 병아리가 나오는 것과 같다. 이것이 육체의 죽음과 영의 깨어남이다.

| 2차원의 세계 : 영사기의 비유 |

영화를 상영하는 필름영사기를 생각해 보자. 영사기 안에는 필름이 있다. 그곳에는 수많은 사람의 인생이 둘둘 말려서 들어가 있다. 주인이 전기라는 에너지를 영사기에 넣는 순간 필름은 영사기 안에서 돌아가기 시작한다.

필름은 1초에 24개의 장면이 지나간다. 그때마다 영사기의 광원은 필름의 장면에 빛을 쏜다. 필름을 통과한 빛은 필름 안에 있는 영상들을 스크린에 비추는 것이다. 필름은 시간이 흐르는 것처럼 정지하지 않고 계속 돌아간다. 그러자 필름 안에 있는 사람들은 마치 살아있는 존재처럼 빛에 의하여 스크린에서 깨어나게 된다.

스크린은 평면의 영역이다. 스크린에 비추어진 사람들은 스크린이라는 세상이 있으므로 존재하게 된다. 스크린은 필름 속에 있는 사람들의 영역이다. 그들은 스크린을 벗어나 존재할 수 없다. 필름 속에 있는 사람들에게 있어서 세상은 오직 스크린뿐이다. 그러나 필름 속에 있는 사람들은 기억해야 할 것이다. 스크린이 세상의 전부가 아니라는 것을 말이다. 스크린 밖에는 그들이 전혀 본 적도 없는 엄청나게 큰 세상이 있다는 것이다.

그들이 사는 스크린은 매우 제한된 세상일 뿐이다. 스크린 밖에는 말할 수 없이 넓고 실체적인 세상이 펼쳐져 있다. 그리고 그들은 반드시 기억해야 한다. 그들과 그들의 세상은 우연히 생겨난 것이 아니라는 점이다. 그들은 주인의 계획대로 만들어진 피조물이다.

시간의 흐름은 필름이 돌아가는 것과 같다. 미래가 현재를 지나 과거로 흘러가는 것처럼, 앞에 있는 필름 통에서 필름이 흘러나와 광원을 지난 후 뒤에 있는 필름 통속으로 사라지는 것이다.

앞의 필름 통은 미래이다. 뒤의 필름 통은 과거이다. 미래에서 필름이 흘러나와 광원을 지나는 순간이 현재이다. 광원을 지나는 순간에 비춰지는 빛이 현재를 지각하는 의식인 것이다. 그 순간만 스크린이라는 영역에 존재가 나타나는 것이다. 우리가 의식할 수 있는 실존은 오직 그 순간뿐이다.

앞쪽 통에 있는 필름이나 뒤쪽 통에 있는 필름은 스크린에 나타나지 않는다. 필름 속의 사람들에게 있어서 인생이란 오직 '광원을 지나는 그 순간'뿐인 것이다. 그 순간을 '현재'라고 하는 것이다. 그들은 '현재'라고 하는 순간을 살아가는 것이다. 이것이 그들의 인생인 것이다.

우리는 매우 긴 시간을 마음껏 선택해서 사는 것 같지만, 실상은 현재라는 순간만을 사는 존재이다. 현재의 순간이 지난 후 우리의 인생은 영원한 과거 속으로 사라지는 것이다.

또한 우리 인생은 필름 영화처럼 단절된 순간들의 연속이다. 우리는 불변하는 실체가 있는 것이 아니다. 우리는 현재라는 단절된 순간들 속에 갇힌 존재라는 것이다.

우리는 공간에서는 무한한 자유를 얻은 자들이다. 하지만 시간에서는 현재라는 순간에 갇힌 존재이다. 오직 현재의 순간만을 살아가도록 우리 인생은 만들어진 것이다.

2편

창조가 시작될 때의 모습

2. 땅이 혼돈하고 공허하며 흑암이 깊음 위에 있고

하나님의 신은 수면 위에 운행하시니라.

| 도입 |

창세기 1장 2절은 태초에 하나님이 만드신 공간과 지구의 모습을 설명한다. 공간과 지구는 하나님의 창조를 위하여 만드신 영역이다. 하나님은 영역의 구도를 두 가지로 잡았다. 하나는 우주라는 공간이고 또 다른 하나는 지구라는 땅이다. 공간 특히 우주공간은 별들을 위한 영역이고, 지구는 그 위에 존재하게 될 만물과 생명체들을 위한 영역이다. 하나님은 이곳에 그분이 원하는 창조를 하려는 것이다.

땅이 혼돈하다

하나님이 처음 만드신 지구의 모습은 어떠했나? 지구의 땅은 혼돈하고 공허했다. 땅이 '혼돈하다'는 것은 무엇인가? 지각과 맨틀이 뒤섞여 있는 등 지구가 아직 안정되지 않았다는 의미이다. 그래서 지구는 땅으로서 역할을 할 수 없는 것이다. 지구에 필요한 것은 안정된 질서이다. 핵과 맨틀과 지각이 순서대로 안착하는 시간이 필요하다. 이것이 태초의 땅의 모습이다.

땅이 공허하다

땅의 위는 어떠했는가? 땅 위의 모습은 한마디로 공허했다. 땅이 공허하다는 것은 땅 위에 어떠한 존재도 없다는 것이다. 혼돈과 무질서의 땅은 어떠한 존재도 품을 수 없기 때문이다. 이것이 태초의 땅의 모습이다.

혼돈스러운 땅은 질서가 필요하다. 그래야만 땅으로서 역할을 할 수 있다. 우리의 마음이 혼돈스럽고 무질서할 때는 우리의 영혼이 공허한 것이다. 우리 안에는 생명이 싹틀 수 없는 것이다. 그래서 우리에게는 하나님의 질서가 필요하다. 하나님이 개입하시면 혼돈은 떠나가는 것이다. 우리 안에 질서가 생기는 것이다. 공허한 우리의 영혼에 생명이 싹트기 시작하는 것이다.

혼돈과 공허는 하나님의 성품이 아니다. 하나님의 나라는 공의로운 질서가 지배하는 곳이다. 그리고 생명으로 가득 찬 곳이다. 그러나 하나님이 만드신 지구는 태초의 모습이 혼돈스럽고 공허했다. 하나님은 완전한 형태의 지구가 아니라 불완전한 형태의 지구를 만드신 것이다.

하나님의 창조는 불완전한 것에서 완전한 것으로의 창조이다. 하나님은 혼돈한 땅에 질서를 세우시고 그 위에 만물을 만들기 시작한다. 하나님은 완전함을 향하여 창조를 이어가는 것이다.

하나님은 불완전한 이 땅에 질서를 만들고 생명체를 만드신다. 혼돈스럽고 공허한 땅은 질서와 생명체로 가득한 세상으로 변하게 된다. 불완전함에서 완전함으로의 창조가 시작된 것이다.

그러나 그 창조의 끝은 완벽하게 완전한 세상이 아니었다. 최고의 작품으로서 세상을 만든 것이다. 완벽하게 완전한 곳은 오직 하나님의 나라뿐이다. 이 세상은 하나님의 나라 즉 천국을 닮았지만 모순되고 제한된 세상이다. 이것이 지구인 것이다.

| 2절. …흑암이 깊음 위에 있고… |

공간의 모습

"흑암이 깊음 위에 있다"는 것은 무엇인가? 이것은 공간의 모습을 표현한 것이다. 빛이 없으므로 모든 공간이 어두웠다는 뜻이다. 성경은 이것을 흑암으로 표현한다. 그런데 이 흑암이 깊음이라는 곳 위에 있다고 성경은 말한다. 흑암 아래에 '깊음'이라는 영역이 있다는 뜻이다. 이것은 '깊음'이라는 영역의 위치를 설명한 것이다. 흑암으로 덮인 공간의 아래에 '깊음'이라는 영역이 있다는 것이다.

그렇다면 여기서 깊음은 무엇인가? 깊음(the deep)을 쉽게 해석하면 광활한 우주공간의 또 다른 표현이라고 할 수도 있겠지만, 영적으로 해석하면 사탄을 가둔 무저갱(Abyss 또는 the deep)으로 생각할 수도 있다.

창세기 1장 2절의 '흑암이 깊음 위에 있고'는 물리적인 표현이 아니라 영적인 표현이다. 왜냐하면 '흑암'과 '깊음'의 광경을 보고 묘사한 분은 사람이 아니라 하나님이기 때문이다. 이때는 사람이라는 존재가 없었다. 따라서 어둠의 광경을 묘사한 분은 인간이 아니라 하나님인 것이다. 이것은 하나님이 만드신 공간의 모습에 대하여 하나님의 눈으로 묘사한 것이다.

공간은 흑암이 덮였는데 그 흑암 아래는 '깊음'이라는 영역이 있다는 것이다. '깊음'이라는 영역은 물리적으로 존재하는 영역이 아니라 영적으로 존재하는 영역인 것이다. 깊음은 하나님을 반역한 사탄의 무리가 갇힌 무저갱이다. 우리는 무저갱을 볼 수 없지만, 하나님은 보는 것이다. 공간의 어둠을 넘어서 더 깊은 곳에 있는 무저갱을 볼 수 있는 것이다.

무저갱은 영적인 영역이다. 하지만 그곳은 이 세상처럼 시간에 갇혀 있고 또한 어둠에 갇혀있는 영역이라는 것을 우리에게 알려

준 것이다. 우리 세상은 시간과 공간의 세상이다. 우리 세상은 시간과 공간 외에는 물리적으로 어떠한 영역도 존재할 수 없다. 그러나 영적으로는 볼 때는 그렇지 않다는 것이다. 흑암 아래에 무저갱이라는 영적인 영역이 있는 것이다.

무저갱은 '심판의 날'까지라는 시간에 갇힌 영역이다(계20:14). 마지막 심판의 날은 세상의 종말이지만 또한 무저갱의 종말인 것이다. 이 세상은 천지창조로 시작되어 종말로 끝나듯이, 무저갱도 천사의 타락과 결박과 내어쫓기므로 시작되어 세상의 종말과 함께 끝나는 것이다. 이것이 무저갱이다.

| 무저갱은 무엇인가? |

유다서 1장 6절에 "또 자기 지위를 지키지 아니하고 자기 처소를 떠난 천사들을 큰 날의 심판까지 영원한 결박으로 흑암에 가두셨으며"라고 표현한다. 여기서 영원한 결박으로 흑암에 가둔 이곳이 바로 무저갱이다.

또한, 베드로후서 2장 4절에 "하나님이 범죄한 천사들을 용서하지 아니하시고 지옥에 던져 어두운 구덩이에 두어 심판 때까지 지키게 하셨으며"라고 말씀한다. 여기서 어두운 구덩이가 또한 무저갱인 것이다.

공존하고 대립하는 세상

우리의 세상은 하나님의 나라에서 만들어졌지만 어두운 공간 저 너머에는 무저갱이 있는 것이다. 어떻게 보면 우리가 사는 세상은 하나님의 나라와 무저갱 사이에 끼어 있는 것이다. 그래서 우리가 사는 세상에는 하늘에 속한 생명도 있고, 땅에 속한 생명도 있으며, 무저갱에 속한 생명도 있는 것이다.

우리 인간은 영과 육의 존재로서, 영은 하나님께로부터 왔지만, 육체는 땅으로부터 왔다. 따라서 인간은 하늘에 속한 생명이면서 또한 땅에 속한 생명이다. 예수님과 성령님 그리고 천사는 하늘에 속한 생명이다. 땅에만 속한 생명은 짐승과 식물이 있다. 무저갱에 속한 생명이 있는데 그들은 사탄과 귀신이다.

이 세상은 이 모두가 함께 존재하고 있다. 이들은 모두 생명을 지니고 있고, 공존과 대립을 하면서 역사를 만들어 가고 있다. 따라서 이 세상은 매우 복잡하고 어려우며 이해하기 힘든 것이다.

| 2절. …하나님의 신은 수면에 운행하시니라 |

수면 위를 운행하시다

하나님의 신은 수면 위를 운행하시었다고 말한다. 혼돈의 지구 위를 물이 싸고 있었던 것이다. 지표면의 뜨거운 열기와 빛이 없는 차가운 우주공간이 만나는 지점에서 수증기 형태의 물이 지구를 둘러싼 것이다. 이미 물은 지구의 탄생과 함께 했었다. 수면 아래는 혼돈의 땅이었고 수면 위는 흑암의 우주공간이었다. 이때의 물은 지구의 땅과 우주의 공간 사이를 구분 짓는 경계이었다.

태초부터 땅과 우주공간은 물로써 경계가 나뉘어 있었다. 하나님은 지구 위를 물로 둘러서 우주공간으로부터 땅을 구분하고 보호하였던 것이다. 이것이 물의 존재 목적이다. 이후에 하나님은 물을 나누어 땅을 위한 공간을 만드시고 육지의 물을 나누어 마른 땅도 드러나게 하신다. 이처럼 물은 경계로서 그 역할을 하였던 것이다.

창조를 준비하시다

하나님의 신은 혼돈과 공허의 땅인 지구의 수면 위를 운행하시었다. 우주의 공간은 모두 비어있었다. 오직 흑암으로만 가득 찼던 것이다. 그 속에 지구만이 홀로 유일한 존재이었다. 어둡고 공허한 우주의 공간에서 유일하게 발을 디딜 수 있는 기준점과 같은 곳이 바로 지구이다. 하나님의 신은 바로 이곳 지구 위를 운행하시면서 창조를 준비하셨던 것이다.

하나님의 신이 지구의 수면 위를 운행했다는 것의 의미는 무엇일까? 이것은 지구가 천지창조의 중심이며 목적이라는 것을 암시하는 것이다. 하나님은 이러한 의도를 드러낸 것이다. 물리적인 위치로서 지구는 광활한 우주공간에 있는 하나의 작은 행성에 불과하다. 그러나 창조주 하나님에게 있어서 지구는 온 우주의 중심이며 창조의 목적이었던 것이다. 이것이 지구의 존재가치이다.

물질에 대하여

천지창조란 무엇인가? 하나님이 시간과 공간을 만들고 그곳에 만물을 채우는 것이다. 여기에서 만물은 모든 물질의 조합이다. 만물은 모두 물질로 이루어져 있다. 물리학에서 물질은 원자나 분자의 집합체로 정의한다.

그렇다면 원자나 분자는 무엇인가? 원자나 분자는 에너지 덩어리이다. 음과 양의 밀고 당기는 힘이다. 따라서 물질이란 음양의 밀고 당기는 에너지 덩어리가 뭉쳐진 조합인 것이다.

물질은 불변하는 실체가 아니다. 단지 실체가 있는 것처럼 보일 뿐이다. 물질은 한마디로 말하면 에너지 덩어리가 쌓여 만들어진 '에너지 블록'과 같다.

또한, 물질의 실체는 비어있는 공간이다. 그곳에는 단지 밀고 당기는 힘만 존재하는 것이다. 음양의 밀고 당기는 힘의 에너지가 없어진다면 물질은 곧 사라지게 된다. 이것이 바로 물질의 실체이다.

TV를 예로 들어보자. TV에 전기라는 에너지가 공급되는 순간, 우리는 그곳에서 펼쳐지는 화려한 세상을 만나게 된다. 그러나 우리가 기억해야 할 것은 이렇게 화려한 세상은 실제로 존재하는 것이 아니라 음양의 전기라는 에너지가 만들어낸 '허상'이라는 점이다. 전기에너지의 공급이 끊어지는 순간 TV 속의 화려한 세상은 사라지게 된다. 이것이 TV라는 세계의 실체인 것이다.

우리가 사는 세상도 TV의 세상과 별로 다르지 않다. 우리의 세상도 물질들로 구성되어 있는데 이들의 본질은 에너지이다. 음양의 밀고 당기는 힘의 에너지로 물질이 구성된다. 음양의 밀고 당기는 힘의 에너지가 사라지면 물질도 사라지는 것이다. 이것이 우리가 사는 세상의 물질에 대한 본질이다.

성경에 의하면, 만물은 하나님의 말씀에 따라 만들어졌다. 만물이 하나님의 말씀으로 만들어졌다는 것은 무엇인가? 그것은 하나님의 말씀 자체가 매우 '강력한 힘'이라는 것이다. 하나님의 입에서 나오는 말씀은 인간이 상상할 수 없는 '강력한 에너지'인 것이다. 하나님의 말씀으로 만물을 창조한다는 것은 말씀이 의도하는 뜻에 따라 음양의 에너지가 조합되어 물질을 이루고 그 물질이 조합되어 물체를 이루는 것이다.

하나님의 말씀은 물질의 창조에만 국한되지 않았다. 생명체도 창조한 것이다. 하나님 안에는 생명이 있는 것이다. 하나님은 말씀으로 생명체를 만드시는 것이다. 우리는 우리의 의지를 말해도 그것은 현실이 되지 않는다. 그러나 하나님은 그의 의지를 말씀하시면 그것은 말씀대로 되는 것이다. 하나님은 천지창조의 기간 동안 그분의 말씀은 곧 현실이 되었다. 하나님은 말씀으로 '영역'과 '물질'과 '생명체'를 만드신 것이다. 이것이 하나님의 천지창조이다.

3편

빛이 만들어지다 <첫째 날>

3. 하나님이 이르시되 빛이 있으라 하시니 빛이 있었고
4. 그 빛이 하나님의 보시기에 좋았더라 하나님이 빛과 어두움을 나누사,
5. 하나님이 빛을 낮이라 부르시고 어듬을 밤이라 부르시니
저녁이 되고 아침이 되니 이는 첫째 날이니라.

| 3절. 하나님이 이르시되 빛이 있으라 하시니 빛이 있었고 |

빛이 있으라

하나님이 본격적으로 창조를 시작하시었다. 첫 번째 창조는 빛이었다. 흑암으로 가득 찬 우주공간을 향하여 하나님이 말씀하신다. "빛이 있으라." 그러자 광활한 우주공간에 빛이 비추기 시작한다.

빛이 비춘다는 것은, 이곳이 바로 '하나님의 영역'이라고 선포하는 의미이다. 하나님이 드넓은 우주공간에 대하여 '하나님의 통치'를 선포하신 것이다. 그리고 이것은 또한 우주공간을 포함하여 이 세상의 모든 영역을 하나님 나라의 질서로 회복시키겠다는 의지를 드러낸 것이기도 하다. 하나님은 이 세상에서 그분의 일을 하시기로 결정한 것이다. 이것이 바로 빛의 창조이다.

| 4절. 그 빛이 하나님의 보시기에 좋았더라… |

빛이 어둠을 향하여 비추다

하나님이 빛을 창조하셨다. 그 빛이 하나님의 보시기에 좋았다고 말씀하신다. 왜냐하면, 빛은 하나님의 뜻을 세상을 향하여 드러내는 창조물이기 때문이다. 빛을 통하여 하나님은 이 세상에서 어둠을 몰아내기로 계획한 것이다. 그래서 하나님은 어둠을 향하여 빛을 비추는 것이다.

빛의 창조는 단순히 물리적인 현상만을 의미하는 것이 아니다. 이것은 영적으로서 흑암과 어둠의 세력을 몰아내고 이곳에서 승리를 선언하는 하나님의 의지이다. 하나님은 빛이다. 그분에게는 어둠이 조금도 없다(요일1:5). 하나님은 빛에 거하시는 분이다(딤전6:16).

그런데 이처럼 빛이신 하나님이 어둠도 창조했다는 것이다(사45:7). 어둠은 결코 하나님이 원하는 창조물이 아니다. 그럼에도 불구하고 하나님은 어둠도 창조하신 것이다. 이를 통해서 우리가 알 수 있는 것은, 하나님에게도 원하지 않는 창조물이 있다는 것이다. 어둠은 하나님이 원하시는 창조물은 아니다. 그러나 하나님의 공의에 대하여 도전하는 자들을 가두기 위해 하나님은 어쩔수 없이 만드신 것이다. 이것이 어둠이다.

하나님이 통치하기로 결정하다

어둠은 하나님의 통치와 다스림에서 벗어난 영역이다. 태초의 우주공간은 어둠이었다. 이것은 우주공간이 하나님의 온전한 통치와 다스림을 받는 하나님의 나라가 아니라는 것이다. 우주공간은 하나님 나라의 경계 밖에 있었던 영역인 것이다.

더욱이 우주공간을 덮은 어둠은 무저갱의 위를 덮은 흑암이었던 것이다. 하나님이 개입하시기 전까지 우주공간은 희망이 없는 어둠의 공간이었다. 그런데 하나님이 이곳에 빛을 비추기 시작한다. 하나님이 이곳을 통치하기로 결정한 것이다. 이것이 빛의 창조이다.

어둠에 빛이 비추었다. 빛이 비추면 어둠은 떠나가는 것이다. 하나님이 개입하시면 어두움에 소망이 생기는 것이다. 하나님이 찾아오는 순간, 버림받고 절망하는 인생에 희망이 생기는 것이다. 죽음의 땅에 생명이 움트는 것이다. 이것이 빛의 창조이다.

하나님이 우리의 인생에 찾아오는 순간 어둠에 숨어있던 악한 사탄은 화들짝 놀라 달아나는 것이다. 마치 불이 켜지면 어둠에 숨어있던 바퀴벌레가 놀라서 달아나는 것과 같다. 하나님의 빛이 비출 때, 우리를 유혹하고 병들게 하며 관계를 깨뜨리고 범죄를 하게 만드는 악한 영은 떠나가는 것이다. 이것이 하나님의 빛의 창조이다.

| 4절. …하나님이 빛과 어두움을 나누사 |

| 5절. 하나님이 빛을 낮이라 부르시고 어둠을 밤이라 부르시니 |

빛과 어둠을 나누시다

하나님이 세상에 빛을 창조하시었다. 하나님은 세상에 빛을 창조한 목적이 있다. 그것은 어둠을 세상에서 몰아내기 위함이다. 그렇다면 하나님이 창조하신 빛에 의해서 세상의 어둠이 완전하게 사라진 것인가? 그렇지 않다. 하나님이 창조한 빛에 의하여 세상의 어둠이 완전하게 사라진 것이 아니다. 하나님은 빛을 창조하여 세상의 어둠을 빛으로부터 구분한 것이다.

하나님이 빛을 낮이라 부르시고 어둠을 밤이라 부르셨다. 이것은 '우리가 사는 세상은 빛과 어둠이 공존하는 곳'이라는 것이다. 이것은 하나님이 세상에 있는 어둠도 인정한다는 의미를 포함한다. 이 세상은 어두움이 전혀 없는 하나님의 나라가 아니다. 이 세상은 빛과 어둠이 공존하는 세상인 것이다.

이 세상은 빛과 어둠이 공존하는 것처럼 서로 어울리지 않는 상반된 두 질서가 공존하는 곳이다. 이 세상은 삶과 죽음이 공존하는 곳이며 기쁨과 슬픔, 선과 악도 공존하는 곳이다. 이 세상은 완전하고 영원한 하나님의 나라가 아니다. 그렇다고 해서 이 세상은 저주받은 무저갱도 아닌 것이다. 이 세상은 완전한 것 같으면서도 불완전한 모습을 지녔다. 완벽함과 모순됨이 공존하는 곳이 바로 우리의 세상인 것이다.

모순된 세상

물론 이 세상에 나타난 수많은 모순의 직접적인 원인은 인간의 죄 때문이다. 죄로 인하여 죽음과 고통이 들어오고 세상은 병들고 파괴되었다. 그러나 죄가 들어오기 전에도 세상은 여전히 모순을 안고 있었다. 세상은 빛과 어둠이 교차했으며, 추위와 더위도 교차했던 것이다. 세상에는 하나님이 만드신 동물과 사람이 있기도 하지만, 하나님이 만들지 않은 사탄도 있었던 것이다.

하나님은 인간에게 최고로 좋은 세상을 주셨지만 완벽하게 완전한 세상을 주신 것은 아니었다. 하나님이 인간에게 주신 지구는 최고 작품의 세상이었지만 그곳에는 모순도 있었던 것이다. 심지어 천국을 닮은 에덴동산에서 조차도 선악과라는 모순을 두었다. 그뿐이 아니었다. 그곳에 뱀의 형상을 입은 사탄도 들어올 수 있었던 것이다. 천국을 완벽하게 닮은 에덴동산조차도 작은 모순들이 공존했던 것이다.

하나님은 어두운 공간에 빛을 창조하시었다. 빛으로 빛과 어둠을 나누었다. 하나님이 빛과 어둠을 나누었다는 것은 곧 빛과 어둠의 경계를 정하였다는 뜻이다. 그러므로 경계는 빛과 어둠에 대한 하나님의 질서이다. 하나님이 빛과 어둠의 경계를 정하신 이유는 무엇인가? 이것은 이후에 만들어질 피조물이 '빛에 속한 것'인지 아니면 '어둠에 속한 것'인지 구별하는 기준을 정하기 위해서이다. 이 기준을 가르켜 '하나님의 공의'라고 한다. 하나님이 정하신 질서는 가장 공의로운 기준이다. 그래서 그에 속한 피조물은 반드시 그 질서를 따라야만 하는 것이다. 그러므로 우리는 하나님이 정하신 질서에 순종해야 하는 것이다.

이 세상에 공의를 세웠다는 것은 이 세상은 하나님께 속한 영역도 있지만, 하나님께 속하지 아니한 영역도 있다는 의미이다. 그 영역의 경계가 하나님의 공의로운 질서인 것이다. 모든 만물은 하나님이 창조했지만 모두 하나님께 속한 것은 아니다. 흑암은 하나님으로부터 버려진 영역인 것이다. 하나님의 은혜의 통치권 밖에 있는 영역인 것이다. 그 경계를 정하는 것이 바로 빛이요 하나님의 공의이다.

| 5절. …저녁이 되고 아침이 되니 이는 첫째 날이니라 |

창조를 위한 시간

'저녁이 되고 아침이 되었다'는 것은 무슨 뜻일까? 이것은 하룻밤이 지나갔다는 말이다. 해를 기준으로 했을 때에는 '해가 지고 밤이 지난 후 해가 다시 뜨는 것'을 말한다. 하루가 지났다는 말이다. 지구가 해를 기준으로 한 바퀴 자전했다는 것이다.

그런데 우리가 기억해야 할 것은 천지창조 첫째 날에는 해가 없었다. 성경에 의하면 하나님은 해를 넷째 날 만드신다. 따라서 저녁이 되고 아침이 되었다는 것은 해를 기준으로 하는 오늘날의 하루가 아닌 것이다. 그렇다면 저녁이 되고 아침이 되었다는 것은 과연 무엇을 뜻하는 말인가?

우리가 기억해야 할 것은, 천지창조는 인간의 일이 아니라 하나님의 일이라는 것이다. 천지창조는 인간 중심의 역사가 아니라 하나님 중심의 역사이다. 또한, 천지창조는 지구에서의 창조가 아니라 전 우주적인 창조라는 것이다. 따라서 천지창조의 시간은 피조물인 인간을 기준으로 하는 시간이 아니라 창조주 하나님을 기준으로 하는 시간이다.

모든 행성은 각자 자기의 시간을 갖는다. 심지어 해를 기준으로 하는 태양계의 행성들조차도 목성은 목성대로 그리고 금성은 금성대로 그리고 지구는 지구대로 시간이 다르다.

해를 기준으로 지구가 자전하는 시간은 지구의 시간이다. 이 시간은 지구와 그 위에 존재하는 피조물을 위한 시간일 뿐이다. 그런데 첫째 날은 지구 위에 어떠한 피조물도 없었다. 뿐만 아니라 태양도 없었던 것이다.

그리고 우리가 기억해야 할 것은 하나님은 지구에 속한 피조물이 아니라는 것이다. 하나님은 시간과 공간을 창조하신 창조주이다. 하나님의 창조는 지구에 국한된 것이 아니다. 광활한 우주를 창조하였고 또한 시간도 창조한 것이다. 따라서 어떠한 시간과 공간도 하나님을 가두거나 제한할 수 없는 것이다. 따라서 하나님의 천지창조의 날은 피조물인 지구나 태양을 기준으로 정하는 날이 아닌 것이다.

빛이신 하나님

첫째 날 하나님이 빛을 창조하신 후 저녁이 되었다는 것은 무엇인가? 이것은 바로 빛의 근원이 점차 세상에서 사라지기 시작했다는 것을 말한다. 여기에서 말하는 빛의 근원은 바로 하나님 자신을 말하는 것이다.

"다시 밤이 없겠고 등불과 햇빛이 쓸데없으니 이는 주 하나님이 그들에게 비치심이라(계22:5)"

하나님은 스스로가 빛이다. 빛이신 하나님이 창조를 마치고 시간과 공간의 세상에서 하나님의 나라로 떠나는 모습을 '저녁이 되었다'라고 표현하는 것이다. 하나님이 세상을 떠나면 세상은 비록 물리적인 빛이 있을지라도 영적으로는 어두운 밤이 오는 것이다.

이것을 성경은 저녁이 되었다고 표현한 것이다.

아침이 되었다는 것은 이와 반대로 하나님이 하나님의 나라로부터 시공간의 세상으로 다시 임재 할 때의 모습을 나타낸 것이다. 하나님이 세상에 오시면 이 세상은 또다시 새로운 아침을 맞이하게 된다. 이것이 하나님의 천지창조의 날이다.

하나님의 천지창조의 날은 '해'를 기준으로 정하는 것이 아니라 '하나님 자신'을 기준으로 정하신 것이다. 왜냐하면, 하나님은 스스로가 빛이기 때문이다. 또한, 빛의 창조주이고 시간의 창조주이기 때문이다.

이것은 마치 태양이 지구에 있어서 빛의 주인이며 시간의 주인으로서 역할을 하는 것과 마찬가지이다. 우리는 태양에 의해 빛을 공급받을뿐더러 태양을 기준으로 하루의 날이 정해지는 것과 같은 것이다.

태초에 하나님은 스스로가 세상의 빛과 시간의 주인으로서 천지를 창조하였다. 하나님이 임재하시면 세상은 낮이 되고 하나님이 떠나시면 세상은 밤이 되는 것이다. 그리고 하루가 지나는 것이다. 이것이 바로 천지창조의 시간이다.

운영을 위한 시간

그러나 하나님은 창조가 아니라 운영을 위하여 넷째 날 태양을 준비하신다. 지구의 빛과 시간을 운영하는 주인으로서 태양을 만드신 것이다. 태양은 지구를 위하여 일정한 간격으로 빛을 제공하고 시간의 기준을 제공하는 것이다. 마치 천지창조의 하나님처럼 지구를 위한 빛과 시간의 주인으로서 역할을 하는 것이다. 이것이 태양이다.

빛의 덩어리인 태양이 지표면 아래로 사라질 때 저녁이 오는 것처럼 빛이신 하나님이 시간과 공간의 세상을 떠나는 순간 세상은 어두운 저녁을 맞이하는 것이다. 캄캄한 밤이 지나고 지표면 아래에서 태양이 떠오르면 새로운 날이 시작되듯이 빛이신 하나님이 그의 나라에서 이 세상으로 다시 임재하실 때에 세상은 아침을 맞는 것이다. 이것이 천지창조의 날이다.

하나님은 천지창조를 시작한 후 끝날 때까지 세상에 계속하여 머물러 있지 않았다. 왜냐하면 이 세상은 하나님이 온전하게 머물 수 있는 곳이 아니기 때문이다. 이 세상에는 온전한 하나님의 나라가 아니었고 또한 하나님이 임재를 할 수 있는 구별된 장소가 없었기 때문이다. 하나님은 천지를 창조하시면서 여섯 번을 하나님의 나라로 되돌아가신다. 하나님은 천지창조를 하시면서 이 땅에 임재하심과 떠나심을 주기적으로 반복하신 것이다.

지구가 완성된 후에도 하나님은 아무 곳에나 임재하시는 것이 아니었다. 바로 에덴동산에 임재하시는 것이다. 이것이 하나님의 임재이다.

인간은 범죄로 에덴동산을 잃었음에도 불구하고 하나님은 이 세상을 포기하지 않는다. 그것이 하나님의 임재하심으로 나타나는 것이다. 하나님은 이스라엘 백성의 성막과 성소로 임재를 하셨고 후에는 성전으로 임재하시는 것이다.

예수님의 십자가 희생 후에는 하나님이 성령으로 우리의 마음에 임재하기를 시작하는 것이다. 이처럼 하나님은 이 세상에 임재하심을 멈추지 않으셨다. 이것은 하나님이 이 세상을 포기하지 않았다는 것을 반증한다. 하나님을 버리고 떠난 인간들을 아직도 포기하지 아니하시고 찾아오시는 하나님이심을 임재하심으로 드러낸 것이다.

| 천지창조와 빅뱅 |

성경에서는 태초에 하나님이 천지를 창조했다고 말한다. 그러나 물리학에서는 만물의 시작을 빅뱅이라는 우주론 모형으로 제시한다. 빅뱅은 매우 높은 에너지를 가진 물질과 공간이 거대한 폭발을 통해 확장되어 우주가 되었다고 보는 이론이다.

"빅뱅이란 우주에 존재하는 모든 물질과 에너지가 작은 점에 갇혀 있었다가 우주 시간 0초의 폭발 순간에 그 작은 점으로부터 물질과 에너지가 폭발하여 서로에게서 멀어지기 시작했고 이 물질과 에너지가 은하계와 은하계 내부의 천체들을 형성하게 되었다."(위키 백과사전)

세상의 시작에 대하여 천지창조와 빅뱅은 서로 견해가 다른 것처럼 보인다. 그러나 실상은 서로 견해가 다르다기보다는 서로 관점이 다른 것이다. 이들은 천지창조를 서로 다른 관점에서 설명하고 있다. 빅뱅은 만물의 시작을 물리적이고 현상학적으로 해석한 것이라면, 성경은 만물의 시작에 대하여 창조의 주체와 그의 행적을 중심으로 설명한 것이다.

빅뱅은 만물의 시작을 물리적 현상으로 설명하기 때문에 본질적이고 근원적인 문제에 봉착된다. 우주를 만들 수 있는 강력한 에너지는 어떻게 존재하였으며 어떻게 대폭발이 일어날 수 있는가? 등 근원적인 문제는 다룰 수 없는 것이다.

반면에 성경은 천지창조의 주체인 하나님과 그의 행적에 대한 일방적인 소개이므로 과학적 근거의 제시가 필요할 수 있는 것이다. 이러한 측면에서 천지창조와 빅뱅은 상호 보완적 관계로 만날 수도 있다.

| 빅뱅으로 설명하는 천지창조 |

태초에 하나님이 천지를 창조했다. 하나님이 시간의 시작과 함께 우주 공간을 펼치셨고 그 안에 지구를 만들었다(창1:1). 공간은 시간과 함께 펼쳐진 것이다. 태초의 우주는 비어 있었고 빛이 없었으므로 어두웠다. 우주 공간에 유일한 별은 오직 지구뿐이었다. 지구는 온통 물로 덮여 있었다(창1:2).

- 첫째 날, 빛을 창조하다 -

하나님이 "빛이 있으라." 말씀하신다(창1:3). 하나님이 말씀하시자 우주 공간의 어느 곳 또는 여러 곳에서 빅뱅 즉 우주 대폭발이 일어난다. 대폭발은 한 번일 수도 있지만 여러 차례 오랫동안 지속되었을 수도 있다.

대폭발의 순간 가장 먼저 쏟아져 나온 것은 빛이다. 온 우주를 밝게 비출 만큼 강력하고 엄청난 양의 빛에너지가 온 우주공간을 향하여 쏟아져 나오는 것이다. 이것이 첫째 날의 빛의 창조이다.

빅뱅은 처음 대폭발을 시작으로 그다음 단계의 폭발들이 지속되었을 것이다. 마치 어두운 밤하늘에 터지는 불꽃들처럼 온 우주를 향하여 엄청난 양의 빛에너지와 천체를 이룰 수 있는 물질들이 쏟아낸 것이다. 그 후에 몰아닥치는 것은 우주 폭풍이다. 빅뱅은 빛과 함께 엄청난 별들을 쏟아내고 또한 강력한 우주 폭풍을 일으켰다.

- 둘째 날, 물과 물을 나누다 -

대폭발의 뜨겁고 강력한 빛과 후에 불어 닥치는 우주의 폭풍은 물로 뒤덮인 지구를 향하여도 불어 닥쳤던 것이다. 뜨거운 열과 강력한 바람은 지구의 표면을 덮고 있던 물을 대기권 위로 들어 올린 것이다. 성경은 이를 가리켜 '물과 물 사이에 궁창이 생겼다'고 말한다(창1:6). 궁창 위의 물은 우주의 공간과는 구별되는 지구의 공간을 만드는 역할을 하였다.

- 셋째 날, 물에서 뭍이 드러나다 -

강력한 우주 폭풍으로 엄청난 양의 물이 대기권 위로 들려 올라가자, 지구 표면 위를 덮은 물의 양이 급격히 줄어들게 되었다. 이로 인하여 지구의 표면은 완만한 지각변동이 일어나기 시작한다. 물 아래의 지각이 융기하기 시작한 것이다. 그러자 물이 한곳으로 모이고 뭍이 드러나기 시작한다(창1:9). 바다와 육지가 나뉜 것이다.

육지가 드러나자 그곳에서 식물이 자라나기 시작한다(창1:11). 이때의 식물은 태양빛에 의해서 자라나는 식물이 아니다. 이때의 식물은 빅뱅으로 인한 태초의 빛에 의해서 자라나는 식물이다. 빅뱅이 지속적으로 이어지면서 태초의 빛은 지구를 지속적으로 비추고 있었던 것이다. 이것이 셋째 날의 모습이다.

- 넷째 날, 하늘에 광명체가 나타나다 -

시간이 흘러 빅뱅으로 인한 태초의 빛이 점차 사그라지기 시작한다. 빅뱅의 에너지가 점차 안정화 단계에 들어선 것이다. 빅뱅의 폭발력으로 날아가던 별들도 그 힘이 사그라질 때, 서로 가까이에 있는 크고 작은 별과 행성들은 장력에 의하여 궤도를 그리면서 안착되어 행성계로 변하는 것이다. 이것이 바로 하늘의 별과 행성들인 것이다.

지구가 속한 태양계도 이와 유사한 현상이 벌어진 것이다. 빅뱅의 힘에 의해 날아온 태양이라는 별을 중심으로 지구를 포함한 행성들이 자리를 잡고 공전하기 시작한다. 태양계가 안착한 것이다. 빅뱅의 태초 빛이 사그라져가는 시점에서 드디어 태양이 그 빛을 이어가기 시작한 것이다. 태초의 빛이 사그라져가면서 이제는 낮과 밤을 해와 달과 별들이 빛을 주관하기 시작하는 것이다. 이것이 넷째 날의 해와 달과 별들이 창조되는 모습이다(창1:14~18).

- 다섯째 날, 어류와 조류를 만들다 -

해와 달과 별들이 제 위치를 차지하면서 비로소 이 지구는 태양으로부터 안정적인 햇빛과 에너지를 공급받게 되었다. 그러자 하나님은 어류를 포함한 바다에 사는 동물과 조류를 포함한 하늘에 사는 동물들을 만드신다. 이것이 다섯째 날의 모습이다(창1:20~21).

- 여섯째 날, 육지의 동물과 사람을 만들다 -

그리고 여섯째 날에는 육지에서 사는 동물들을 만드시고 또한 사람을 만드신다(창1:27). 이것이 바로 여섯째 날의 천지창조이다.

4편

물로 하늘을 나누다 <둘째 날>

6. 하나님이 이르시되 물 가운데에 궁창이 있어 물과 물로 나뉘라 하시고,

7. 하나님이 궁창을 만드사 궁창 아래의 물과 궁창 위의
물로 나뉘게 하시니 그대로 되니라.

8. 하나님이 궁창을 하늘이라 부르시니라 저녁이 되고
아침이 되니 이는 둘째 날이니라.

| 6절. 하나님이 이르시되 물 가운데에 궁창이 있어 물과 물로 나뉘라 하시고 |

지구의 하늘을 만드시다

지구는 물로 덮여 있었다. 하나님께서 지구를 향하여 “물 가운데에 궁창이 있으라.” 말씀하신다. 물과 물 사이에 궁창 즉 공간이 생긴 것이다. 대폭발에 의한 우주 폭풍은 지구 위의 물을 공중으

로 들어 올린 것이다. 그래서 물 가운데에 궁창 즉 하늘이 생긴 것이다. 그 하늘은 우주의 하늘과 구별된 지구의 하늘이다. 하나님은 물을 들어 올려 지구의 궁창을 만드신 것이다. 들려 올린 물은 우주의 하늘과 지구의 하늘을 구분하는 경계가 되었다.

지구의 하늘을 만드신 목적

하나님이 하늘을 우주의 하늘과 지구의 하늘로 구분한 이유는 무엇인가? 우주의 하늘과 지구의 하늘은 서로 다른 영역이기 때문이다. 우주의 하늘은 별들을 품어야하는 영역이다. 그러나 지구의 하늘은 지구에 나타날 생명체를 품어야 하는 영역이다. 하나님이 영역을 만드신 이유는 존재를 위해서이다. 우주의 하늘은 별의 존재를 위해서이고, 지구의 하늘은 지구에 나타날 생명체들을 위해서 만드셨다. 이것이 바로 하나님이 하늘을 만드신 목적이다.

물로써 공간을 구분하다

하나님이 물로써 우주와 지구의 공간을 구분하였다. 하나님이 물로써 우주의 공간과 지구의 공간을 구분한 이유는 우주의 하늘로부터 지구의 하늘을 보호하기 위해서이다. 또한 우주의 하늘로부터 지구의 하늘을 구별하기 위해서이다.

이것은 마치 광야와 성막과의 관계와 유사하다. 모든 광야는 하나님이 지으신 창조물이다. 하지만 모든 광야를 하나님이 다 특별하게 보호하는 것이 아니다. 넓은 광야에서도 특히 성막이 지어진 바로 그곳을 하나님은 특별하게 보호하는 것이다.

이것은 또한 에덴동산과도 같다. 모든 땅은 하나님의 창조물이지만 에덴동산이 있는 그곳은 하나님의 특별한 보호를 받는 구별된 땅이다. 이처럼 모든 공간은 하나님이 만드신 창조물이지만 지구 위의 공간은 하나님이 별도로 구별하시고 특별하게 보호하는 공간이다.

왜냐하면, 이곳에 하나님이 만드신 생명체들이 등장하기 때문이다. 특히 하나님의 자녀로서 사람이 등장하기 때문이다. 하나님은 이들을 위하여 공간을 별도로 구별하신 것이다. 이것이 태초의 지구 대기권이다.

| 7절. 하나님이 궁창을 만드사 궁창 아래의 물과 궁창 위의 물로 나뉘게 하시니 그대로 되니라 |

물로써 보호하다

하나님이 땅 위의 궁창을 만들면서 물을 둘로 나누었다. 궁창 위의 물과 궁창 아래의 물로 나눈 것이다. 여기서 궁창은 대기권을 말한다. 태초의 궁창 즉 대기권은 물로써 보호를 받았다. 궁창 위의 물은 우주공간으로부터 오는 각종 유해 물질을 막아주었다. 뿐만 아니라 지구 전역의 온도와 습도를 일정하게 유지해주는 역할도 했던 것이다. 그래서 적도 지역이나 남북극 지방이 한결이 크게 다르지 않았다. 이 당시의 대기권은 지금 우리 시대의 대기권과 많이 달랐던 것이다.

성경에 의하면 노아의 홍수로 궁창 위의 물이 사라지기 전까지는 사람들이 구백세 이상을 살았다(창5:3~23). 지금 우리 시대의 사람들에게는 있을 수 없는 긴 세월을 이들은 살았던 것이다. 이것은 물로써 지구의 대기가 보호를 받던 시대의 자연환경이 우리 시대의 자연환경과 매우 많이 달랐다는 것을 우리에게 보여주었다.

하나님의 보호막

노아의 시대에 나타난 대홍수 이후로 사람의 수명이 급격하게 감소된다(창6:3, 창11:10~32). 왜냐하면 노아 시대의 대홍수로 궁창 위의 물이 무너졌기 때문이다(창7:11). 궁창 위의 물이 무너지는 것은 곧 지구를 보호하는 하나님의 보호막이 파괴된 것을 의미한다. 하나님의 보호막이 파괴되자 우주로부터 각 종 유해물질이 지구로 들어오게 되었다. 지구에 각종 질병과 유해물질이 나타나기 시작했다. 또한 추위와 더위 그리고 가뭄과 홍수로 지구의 환경은 급속하게 피폐하게 되었다.

노아의 홍수 이후에 세상은 험난한 곳으로 변하였다. 궁창 위의 보호막이 사라진 세상은 급격히 추운 곳과 또는 감당하기 어려울 만큼 더운 곳이 나타났다. 또한, 우주 공간으로부터 각종 유해물질과 유해광선이 유입되어 세상에는 질병이 생겨나고 식물과 동물들도 거칠고 사납게 변해버린 것이다.

이것은 하나님의 공의가 무너졌음을 의미한다. 하나님의 공의는 곧 그 안에 있는 피조물을 보호하는 경계이다. 노아의 홍수는 바로 이 경계의 무너짐을 의미하는 것이다.

| 8절. 하나님이 궁창을 하늘이라 부르시니라 저녁이 되고 아침이 되니 이는 둘째 날이니라 |

궁창에 질서를 세우다

하나님이 물을 나누어 궁창을 만드신다. 그리고 궁창을 하늘이라고 부르셨다. 물로써 우주의 하늘과 지구의 하늘을 구분한 것이다. 하나님이 하늘을 물로써 구분한 것은 하늘에 질서를 세운 것이다. 그 질서의 도구로 물을 사용한 것이다.

하나님이 공간이라는 영역에 만드신 질서는 공간에 속한 모든 피조물에게 의롭고 유익한 것이다. 그래서 우리는 하나님의 질서의 속성을 공의라고 하는 것이다. 그래서 모든 피조물은 하나님이 정하신 질서를 순종하고 따라야 하는 것이다. 하나님이 정하신 질서는 순종하면 축복을 받지만, 그 질서를 벗어나면 저주를 받게 되는 것이다. 이것이 하나님의 질서인 것이다.

궁창의 질서를 파괴하다

모든 피조물은 하나님이 만드신 질서에 순종해야 하는 것이다. 이것이 바로 피조물의 역할이다. 그러나 하나님의 질서를 파괴하는 한 피조물이 나타났다. 그들이 바로 우리 인간이다. 인간의 등장으로 하나님이 만드신 만물의 질서가 점차 파괴되기 시작한다.

심지어 노아의 시대에는 하나님이 정하신 영역의 질서도 파괴되었던 것이다. 하나님이 우주의 하늘과 지구의 하늘의 경계로 정하신 물이 무너져서 땅 위로 쏟아졌다. 심지어 바다와 육지의 경계도 무너지게 되어 바닷물이 육지를 삼켜버린 것이다. 이것을 성경은 '대홍수의 심판'이라고 한다.

영역의 경계인 물이 하나님이 정하신 질서를 잃고 무너지는 것은 곧 모든 만물의 저주와 죽음의 시작이다. 경계의 무너짐은 곧 하나님의 공의의 무너짐인 것이다. 공의의 무너짐은 곧 심판으로 연결되는 것이다. 하나님의 공의 곧 하나님의 선하신 질서를 무너뜨리는 힘이 바로 죄이다.

아담의 죄는 에덴동산과 세상의 경계를 무너뜨렸다. 에덴동산으로부터 세상으로 쫓겨나는 것이나. 아담이 속한 영역은 세상이 아니라 에덴동산이다. 그러나 죄는 이 둘의 경계를 무너뜨리고 하나님이 정하신 영역에 살 수 없도록 하였다. 이것이 죄의 힘이다.

하나님의 질서는 곧 피조물의 축복이다. 하나님의 공의의 다스림을 받는 피조물은 곧 하나님의 완전한 사랑과 돌봄의 축복 아래 있는 것이다. 이것이 하나님의 공의이다. 피조물은 하나님의 공의로운 질서 아래에서 보호와 축복을 받을 수 있다. 또한, 하나님의 공의로운 질서가 파괴될 때에 재앙과 저주를 받게 되는 것이다. 이것이 둘째 날 창조의 교훈이다.

5 편

물에서 뭍이 드러나고 식물이 자라나다 <셋째 날>

9. 하나님이 이르시되 천하의 물이 한곳으로 모이고 뭍이 드러나라 하시
니 그대로 되니라.
10. 하나님이 뭍을 땅이라 부르시고 모인 물을 바다라 부르시니 하나님이
보시기에 좋았더라.
11. 하나님이 이르시되 땅은 풀과 씨 맺는 채소와 각기 종류대로 씨가진
열매를 맺는 나무를 내라 하시니 그대로 되어
12. 땅이 풀과 각기 종류대로 씨 맺는 채소와 각기 종류대로 씨가진 열매
맺는 나무를 내니 하나님이 보시기에 좋았더라.
13. 저녁이 되고 아침이 되니 이는 셋째 날이니라.

| 9절. 하나님이 이르시되 천하의 물이 한곳으로 모이고 뭍이 드러나라 하시니 그대로 되니라 |

뭍이 드러나다

하나님은 지구를 덮고 있던 물을 들어 올려 궁창을 만들었다. 그리고 궁창 아래의 물을 향하여 말씀하신다. “천하의 물이 한곳으로 모이고 뭍이 드러나라” 그러자 물속에서 뭍이 점차 드러나기 시작한다. 지구 표면에 지각변동이 일어난 것이다. 물속에 있던 땅이 물 위로 점차 융기하기 시작한 것이다. 물 위로 융기된 땅은 육지가 되고, 물 아래로 침식한 땅은 바다가 되었다.

물에서 올라온 땅의 모습

지구를 덮었던 물이 궁창 위의 물로 나뉘면서 지구 표면의 물의 무게가 줄어들게 되었다. 그러자 물속의 땅이 점차 융기하기 시작한 것이다. 물속에서 올라온 땅의 모습은 어떠했을까? 물 위로 융기된 땅은 높고 험준한 산이 아니었다. 부드럽고 완만한 곡선을 지닌 평지였다. 왜냐하면, 성경은 에덴동산을 통해서 그 당시 땅의 모습을 암시하고 있기 때문이다.

“강이 에덴에서 흘러나와 동산을 적시고 기기서부터 갈라져 네 근원이 되었으니(창2:10)”

에덴동산은 세상으로 흐르는 강의 발원지였다. 물이 에덴동산에서 흘러나와 갈라져 세상으로 흐르는 네 개의 강이 된 것이다. 에덴동산이 세상으로 흐르는 강의 근원지라는 것은 곧 그곳이 가장 높은 지형 중의 하나라는 것이다. 네 개의 강물을 세상으로 흘려보내는 강의 근원지가 동산이었다는 것은 그 당시의 땅이 평지였음을 알려주는 것이다. 지금의 세상처럼 높고 깊은 산과 골짜기가 있는 험준한 지형이 아니었음을 나타내고 있는 것이다.

| 10절. 하나님이 뭍을 땅이라 부르시고 모인 물을 바다라 부르시니 하나님이 보시기에 좋았더라 |

물에서 뭍이 드러나는 이유

물에서 뭍이 드러났다. 하나님은 뭍을 땅이라 부르시고 모인 물을 바다라 부르셨다. 그리고 이를 보시기에 좋다고 말씀하셨다. 지금까지 땅은 물과 함께 섞여 있었다. 땅이 물과 섞여 있는 것을 '혼돈'이라고 하는 것이다.

땅은 물에서 올라와서 땅으로서 역할을 해야 한다. 물은 한곳에 모여 바다로서 역할을 해야 한다. 왜냐하면, 땅이 만들어진 목적은 땅 위의 생명체들을 내고 그들을 품는 것이기 때문이다. 이것을 위해서 땅은 바다로부터 분리되어야 하는 것이다.

바다가 만들어진 목적은 바다의 생물들을 번성케 하고 그들을 품는 것이다. 바다는 물이 모여서 바다로서 역할을 해야 하는 것이다. 피조물은 창조주가 정하신 목적대로 운영되어야 하는 것이다. 이것이 질서이고 법칙이다. 죄가 개입되지 않은 질서와 법칙에는 완전하신 하나님의 공의가 반영되어 있는 것이다.

하나님이 개입하시면 혼돈은 떠나가는 것이다. 그리고 질서가 생기는 것이다. 공허하던 세상에 생명이 싹트는 것이다. 하나님이 개입하시자 물로 덮여있던 혼돈의 세상에 땅이 생기고, 바다가 생기고, 하늘이 생기기 시작하였다. 그리고 공허하고 죽은 것 같은 세상에 생명들이 가득 차는 세상으로 변하였다. 이것이 창조이다.

하늘과 땅과 바다

육지가 바다로부터 구별되면서 세상의 영역은 모두 네 가지로 나뉘었다. 우주의 하늘과 지구의 하늘, 그리고 땅과 바다로 구분되었다. 하나님은 이 모든 경계를 물로써 정하신 것이다. 궁창 위의 물로써 우주의 하늘과 지구의 하늘을 구분하고, 궁창 아래의 물로써 땅과 바다를 구분하였다.

모든 피조물은 하나님이 정하신 목적이 있다. 땅은 땅으로서, 바다는 바다로서, 그리고 하늘은 하늘로서 그 목적이 있다. 하나님은 피조물을 만드실 뿐 아니라, 그것들이 그분의 뜻대로 운영될 수 있도록 목적을 정하시었다.

그리고 피조물과 피조물 사이에 질서를 부여하였다. 하나님은 피조물을 창조하시되 목적을 가지고 창조하였다. 그리고 창조된 피조물은 하나님이 정하신 질서에 순응하게 되어있는 것이다. 이것이 바로 하나님의 천지창조이다. 천지창조는 한마디로 말하면 창조와 질서의 조합이다. 하나님은 피조물들을 위하여 가장 적합한 환경을 준비하신다. 그 환경은 하늘과 땅과 바다이다.

'죄'라는 것은 하나님의 질서를 벗어나는 것을 말한다. '질서'는 죄로 인하여 파괴되는 것이다. '죄'는 질서의 세상을 다시 혼돈의 세상으로 바꾸는 힘이다. 죄는 우리 내면의 안정감과 질서를 무너트리는 것이다. 그리고 혼돈과 두려움으로 우리를 가두는 것이다. 이것이 죄의 능력이다. 죄로 인하여 세상은 왜곡되고 병들고 파괴되는 것이다. 하나님이 정하신 질서를 벗어나는 것은 곧 피조물이 파멸되는 것이다. 궁창과 육지와 바다를 구분하고 물로써 경계를 정하시는 것은 피조물을 보호하기 위하여 하나님께서 정하신 선한 질서이다.

| 11절. 하나님이 이르시되 땅은 풀과 씨 맺는 채소와 각기 종류대로 씨가진 열매를 맺는 나무를 내라 하시니 그대로 되어 |

땅이 식물을 내다

물에서 올라온 땅은 비어 있었다. 땅 위에는 아무것도 없었던 것이다. 하나님은 땅을 향하여 명령하신다. "땅은 풀과 씨 맺는 채소와 각기 종류대로 씨가진 열매를 맺는 나무를 내라" 하나님의 명령에 따라서 땅은 식물을 내기 시작한다. 처음으로 땅 위에 생명체가 나타난 것이다. 지금 시대에는 땅이 스스로 식물을 내지 못한다. 그러나 태초의 땅은 하나님의 명령에 의해 식물을 만들어 내는 것이다. 이것이 태초의 땅의 모습이다.

태초의 땅은 창조의 땅이었다. 땅은 하나님의 명령에 따라서 생명체의 창조를 도왔던 것이다. 생명은 말씀에 따라서 하나님으로부터 왔지만, 생명체의 형상은 땅이 만들어 냈던 것이다. 이것은 마치 아기가 태어날 때 그의 생명은 하나님께로부터 왔지만 그의 몸은 아빠와 엄마가 만드는 것과 같은 이치다. 그래서 땅은 땅에 속한 생명체들의 엄마와 같은 것이다.

하나님이 땅을 보호하시다

11절을 통해서 우리는 하나님이 왜 지구를 물로 덮어 놓으셨는지 알 수 있다. 그 이유는 바로 땅을 보호하기 위해서이다. 땅을 보호하여 땅속에 생명이 움틀 수 있는 환경을 조성하기 위해서이다. 생명체는 땅과 상호작용하면서 땅으로부터 보호를 받고, 양식을 얻으며 번성하게 되는 것이다. 땅의 축복은 땅에 속한 생명체들의 축복이다. 또한, 땅의 저주는 땅에 속한 생명체의 저주가 되는 것이다.

아담의 범죄로 땅이 저주를 받았다. 땅이 저주를 받자 땅에 속한 생명체들도 저주를 받게 되었다. 땅의 저주로 인해 땅에 속한 식물들은 가시와 엉겅퀴로 변하였다. 동물들도 먹고 먹히는 잔혹한 생태계로 변질되는 것이다. 이것이 우리 시대의 땅에 속한 생명체들의 모습이다.

| 12절. 땅이 풀과 각기 종류대로 씨 맺는 채소와 각기 종류대로 씨가진 열매 맺는 나무를 내니 하나님이 보시기에 좋았더라. |

땅이 종류대로 식물을 내다

하나님이 말씀하시자 땅은 풀과 각기 종류대로 씨 맺는 채소와 각기 종류대로 씨가진 열매 맺는 나무를 내기 시작했다. 온 대지는 푸른 풀과 채소와 열매 맺는 나무들로 덮이기 시작한 것이다. 땅은 하나님의 명령에 따라서 식물을 내되, 각기 종류대로 식물을 내었다. 식물은 한 종류에서 다른 종류로 진화한 것이 아니다. 땅은 각기 종류대로 식물을 낸 것이다. 물론 각 종류의 식물이 동시에 자라지 않고 순차적으로 자라났을 수 있다. 하지만 그럴지라도 종에서의 종으로 진화가 아닌 각기 종류대로 땅은 식물을 내었던 것이다.

생물은 진화가 아니다

우리가 화석을 통해서도 알 수 있듯이 식물은 결코 낮은 단계에서 높은 단계로 진화한 것이 아니다. 오히려 태초의 식물들이 더 크고 더 건강하고 더 화려하며 울창했던 것이다. 아담이 범죄 한 후 인간의 사악한 죄의 성품으로 인해 오히려 식물과 동물들은 시대가 지날수록 더 작고 더 거칠고 더 포악하게 변하였다. 생물은 진화하는 것이 아니라 오히려 변질되고 퇴화된 것이다. 이것이 바로 죄의 결과이다.

태초의 땅은 씨 맺는 식물들을 내었다. 땅이 씨 맺는 식물을 내었다는 것은, 처음 식물은 땅이 내었지만 그다음부터는 씨앗으로 번성했다는 것이다. 그래서 하나님이 첫 태생은 다 하나님의 것이라고 우리에게 말씀하시는 것이다.

"모든 첫 태생은 다 내 것이며 네 가축의 모든 처음 난 수컷인 소와 양도 다 그러하며(출34:19)"

식물은 목적을 지녔다

땅은 푸른 식물들로 가득 채워졌다. 하나님은 이를 보시기에 좋았다고 말씀하신다. 하나님이 푸른 식물을 이 땅에 자라게 하신 것은 분명한 목적이 있어서이다. 그것은 바로 이후에 나타나게 될 동물과 사람을 위한 음식으로서 목적을 지닌 것이다.

씨 맺는 채소와 씩 가진 열매 맺는 나무의 실과는 사람을 위한 먹을거리였다(창1:29). 그리고 모든 푸른 풀은 땅의 모든 짐승과 하늘의 새와 생명이 있어 땅에 기는 모든 것을 위한 먹을거리였던 것이다(창1:30). 식물은 이처럼 분명한 목적을 위하여 이 땅에 생겨났다.

식물은 우연히 생겨난 것이 아니다

식물은 그저 환경이 갖추어지니까 우연히 생겨난 것이 아니다. 또한, 생존을 위하여 진화하는 것도 결코 아니다. 식물은 목적을 가지고 만들어졌고 그 목적을 위해서 생존하는 것이다.

수박을 생각해 보자. 수박이 진화된 식물이라면, 수박넝쿨은 왜 커다란 수박 열매를 맺는 식물로 진화했을까? 도대체 자신에게 무엇이 유익하기에 달콤한 과즙을 가득 담은 커다란 수박 열매를 맺는 것일까? 단지 자신의 생존만을 위해서라면 수박은 잘못된 선택을 한 것이다.

그러나 우리가 분명하게 판단할 수 있는 것은 수박은 자신을 위해서 존재하는 것이 아니라 인간을 위해서 만들어진 열매인 것이다. 스스로를 위해서 진화한 것이 아니라 하나님의 목적에 따라서 만들어진 식물이다. 모든 풀과 채소와 열매나무는 사람과 동물을 위해서 만들어진 창조물이다.

피조물은 목적을 가지고 태어나다

이처럼 이 세상에 존재하는 모든 만물은 다 목적이 있다. 하나님은 목적 없이 만물을 창조하지 않았다. 하늘도 땅도 바다도 해와 달과 별들도 다 그 목적을 가지고 존재하는 것이다. 풀과 나무 그리고 모든 생물도 하나님의 선하신 목적을 가지고 태어난 것이다.

이 세상의 어떤 것도 우연히 생겨난 존재가 없다. 모든 창조물은 목적을 가지고 만들어진 것이다. 그 목적은 스스로 정하는 것이 아니다. 하나님이 이미 정해 놓으신 것을 따라가는 것이다. 이것이 피조물이 존재하는 목적이다.

| 13절. 저녁이 되고 아침이 되니 이는 셋째 날이니라 |

태초의 빛

식물은 셋째 날 만들어졌다. 그런데 식물이 만들어진 셋째 날에는 태양이 없었다. 태양은 넷째 날 등장한다. 식물은 태양이 없이 나타나고 자라기 시작한 것이다. 태양빛이 아닌 다른 빛이 식물을 키워낸 것이다. 그것은 바로 태초의 빛이다.

우리는 빛을 비추는 광원으로 오직 태양을 생각한다. 그러나 천지가 창조되면서 지금까지 태양만이 지구를 비추어온 것이 아니다. 이 땅은 셋째 날까지 태초의 빛이 비추었고 넷째 날부터는 태양이 비추기 시작한 것이다.

태초의 빛은 태양과 같이 안정적으로 이 땅을 비추지 못했을 것이다. 특히 셋째 날이 지나고 넷째 날이 시작되면서 태초의 빛은 점차 사그라지기 시작한다. 태초의 빛이 점차 사그라지면서 하늘에는 별들이 나타나기 시작한 것이다(창1:16). 별들이 나타났다기보다는 하늘이 어두워지므로 별들이 보이기 시작했다고 이해하는 것이 좋을 듯하다. 이것은 바로 태초의 빛이 사그라졌다는 의미이다. 그러므로 셋째 날 식물이 만들어진 후 넷째 날 태양이 지구 위에 안착될 때까지 세상은 빛을 잃어가는 시기였다. 그래서 세상은 추운 빙하기의 시기를 지날 수밖에 없었던 것이다. 땅은 셋째 날 식물이 등장하였지만 넷째 날 태양을 포함한 천체가 안정되기까지 빙하기와 같은 심각한 기온 차를 겪게 된 것이다.

6편

해와 달과 별들이 나타나다

<넷째 날>

14. 하나님이 이르시되 하늘의 궁창에 광명체들이 있어 낮과 밤을 나뉘게
하고 그것들로 징조와 계절과 날과 해를 이루게 하라.
15. 또 광명체들이 하늘의 궁창에 있어 땅을 비추라 하시니 그대로 되니라.
16. 하나님이 두 큰 광명체를 만드사 큰 광명체로 낮을 주관하게 하시고
작은 광명체로 밤을 주관하게 하시며 또 별들을 만드시고
17. 하나님이 그것들을 하늘의 궁창에 두어 땅을 비추게 하시며
18. 낮과 밤을 주관하게 하시고 빛과 어둠을 나뉘게 하시니 하나님이
보시기에 좋았더라.
19. 저녁이 되고 아침이 되니 이는 넷째 날이니라.

| 14절. 하나님이 이르시되 하늘의 궁창에 광명체들이 있어 |

광명체들이 나타나다

하나님께서 하늘의 궁창에 광명체들이 있으라고 말씀하신다. 그러자 하늘의 궁창에 광명체들이 나타나기 시작한다. 광명체들이 그들의 자리에 위치하기 시작하는 것이다. 여기서 우리가 알 수 있는 것은, 하늘의 궁창은 광명체들을 위한 영역이었다는 것이다. 이것은 마치 땅이 식물과 동물을 위한 영역인 것과 같다. 식물과 동물이 땅에 속한 피조물인 것처럼 광명체들도 하늘의 궁창에 속한 피조물인 것이다.

궁창의 광대함

하늘의 궁창은 우리가 그 넓이를 가늠할 수 없을 만큼 광대한 공간이다. 어찌하여 하나님은 하늘의 궁창을 왜 이토록 넓고 광대하게 만들었는가? 하나님이 하늘의 궁창을 광대하게 하신 이유가 있다. 그것은 하나님의 무한하고 위대한 능력을 우리에게 보이시기 위해서이다. 우리는 광대한 우주를 통하여 하나님의 무한한 능력을 깨닫는 것이다. 우리는 그 어떤 누구도 하나님의 절대적인 권위에 도전할 수 없음을 느끼는 것이다.

그리고 하나님이 하늘의 궁창을 광대하게 만드신 또다른 이유는 인간에게 무한하게 넓은 공간의 자유를 주시기 위해서이다. 인간은 공간에서 자유로움을 만끽할 수 있다. 그러나 공간이란 인간에게 자유를 줌과 동시에 인간을 가두는 역할도 하는 것이다. 인간은 드넓은 우주를 통해 공간의 무한한 자유를 인식할 수 있다. 하지만 동시에 인간의 힘으로 공간을 벗어날 수 없는 한계를 또한 깨닫는 것이다.

이토록 드넓은 하늘의 궁창도 종말이 되면 사라지게 된다. 그때에는 지금의 하늘도 땅도 바다도 모두 사라지는 것이다(계21:1). 하늘이 사라진다는 것은 하늘에 속한 존재도 사라진다는 것이다. 광명체들이 하늘의 궁창에 속하였다는 것은 광명체들도 영원하지 않다는 것이다. 우주가 그 끝을 알 수 없을 만큼 넓을지라도, 또한 별들이 그 수를 헤아릴 수 없을 만큼 많을지라도 이들은 영원하지 않은 것이다.

| 14절. …낮과 밤을 나뉘게 하고 그것들로 징조와 계절과 날과 해를 이루게 하라 |

광명체들의 역할

하나님은 광명체를 창조하시기 전에 그들의 역할을 정하신다. 그것은 낮과 밤을 나누는 것과 징조와 계절과 날과 해를 이루는 것이다. 하나님이 광명체들을 창조하시기 전에 미리 역할을 정하시는 이유는 무엇인가? 이것은 광명체들이 존재하는 이유가 곧 역할이기 때문이다. 광명체들은 역할을 위해서 존재한다는 것이다.

광명체들은 낮과 밤을 나누고, 징조와 계절과 날과 해를 이루기 위해서 존재하는 것이다. 이것이 곧 광명체들의 존재의 목적이다.

낮과 밤을 나누다.

광명체들의 첫 번째 역할은 낮과 밤을 나뉘게 하는 것이다. 광명체가 낮과 밤을 나눈다는 것은 곧 광명체가 빛의 주인이라는 것이다. 지금까지 빛과 어둠을 나누는 역할은 태초의 빛이 하였다. 그러나 태초의 빛이 점차 사그라지면서 광명체들이 그 역할을 이어받기 시작한 것이다. 이제는 광명체들이 낮과 밤을 나누는 역할을 하기 시작하였다. 빛의 주인이 된 것이다. 태초의 빛은 우주 전체의 어둠과 우주 전체의 빛을 나누는 역할을 하였다. 그러나 이제 광명체들은 각각의 영역에서 어둠과 빛을 나누는 역할을 하는 것이다.

징조와 계절과 날과 해를 이루다

광명체들의 두 번째 역할은 징조와 계절과 날과 해를 이루는 것이다. 광명체들이 징조와 계절과 날과 해를 이룬다는 것은 광명체들이 자전과 공전을 시작했다는 뜻이다. 첫째 날 빅뱅의 힘에 의해 날아가던 별과 행성들이 안정화되면서 가까이에 있는 그들끼리 자전과 공전을 시작한 것이다.

광명체들이 징조와 계절과 날과 해를 이룬다는 것의 의미는, 광명체들이 시간의 주인이라는 뜻이다. 광명체들은 우주 공간에서 정교하게 움직임으로써 시계와 같이 시간을 나누는 단위로서 역할을 하는 것이다. 창조의 시간의 주인은 하나님 자신이다. 하나님 스스로 시간을 정하신다. 하나님의 움직이심이 곧 창조의 시간 단위인 것이다. 그러나 세상의 운영을 위한 시간의 주인은 광명체들이 되었다. 하나님은 광명체들을 통해서 세상에 시간의 정보를 주는 것이다.

우주의 광활함은 인간이 공간을 벗어 날 수 없음을 깨닫게 한다. 우주 안에 있는 수많은 광명체들은 매우 정교하게 움직이면서 모든 만물이 시간 안에 갇힌 존재임을 깨닫게 하기 때문이다. 이처럼 우주의 공간은 인간의 물리적인 경계이다. 영적 경계는 하나님의 말씀이지만, 물리적 경계는 공간과 시간인 것이다.

| 15절. 또 광명체들이 하늘의 궁창에 있어 땅을 비추라 하시니 그대로 되니라 |

광명체들이 땅을 비추다

하나님은 "또 광명체들이 하늘의 궁창에 있어 땅을 비추라" 하신다. 그러자 광명체들이 나타나 하늘의 궁창에서 땅을 비추는 것이다. 지금까지는 태초의 빛이 하늘을 밝혔다. 그러나 그 빛이 사그라지면서 광명체들의 빛이 보이기 시작하는 것이다. 우주공간을 밝히는 큰 빛이 점차 더 많이 사라지면서 이제는 각각의 광명체들이 더 많이 빛을 비추는 것이다. 큰불이 꺼지자 작은 불들이 켜진 것이다. 태초의 빛은 창조를 위한 빛이지만, 광명체들의 빛은 우주 만물의 운영을 위한 빛이다.

태초의 빛이 사그라지는 것은 곧 우주의 창조는 끝났다는 것을 의미한다. 이제 우주는 창조가 아니라 하나님이 정하신 질서로 운영이 시작되는 것이다. 이것은 마치 왕이 성을 건축하는 것과 유사하다. 성을 만들 때 공사를 위하여 큰불을 밝혀야 한다. 하지만 성이 건축된 후에는 큰불을 더이상 밝힐 필요가 없게 되는 것이다. 성이 건축되면 이제는 성안의 작은 불들을 켜는 것과 같다.

태초의 빛이 사라지면서 우주의 광명체들은 그 빛을 이어받아서 빛의 주인으로 등장한다. 빛을 이어받아 비추는 것은 곧 하나님의 공의를 이어받아 지켜가는 것을 말한다. 하나님의 공의로운 질서를 광명체들이 이어받아 지켜가는 것이다. 광명체들의 등장으로 하나님의 우주적인 창조는 끝난 것이다. 이제부터 하나님의 모든 관심과 초점이 지구를 향하게 되었다.

| 16절. 하나님이 두 큰 광명체를 만드사 큰 광명체로 낮을 주관하게 하시고 작은 광명체로 밤을 주관하게 하시며 또 별들을 만드시고 |

해와 달과 별을 만들다.

하나님이 두 큰 광명체를 만드신다. 큰 광명체로 낮을 주관하게 하시고 작은 광명체로 밤을 주관하게 하시었다. 여기에서 두 큰 광명체는 지구를 향하여 비추는 해와 달이다. 드디어 지구를 포함한 태양계가 형성된 것이다. 태양을 중심으로 지구와 다른 행성들이 자전과 공전을 하면서 안착하기 시작한 것이다. 지구는 두 큰 광명체인 해와 달로부터 안정적으로 빛을 공급받게 되었다.

그리고 하나님은 또 별들을 만드신다. 이처럼 별들은 한번이 아니라 여러 차례로 그 모습을 드러내기 시작한 것이다. 큰불이 꺼지면 여기저기에서 작은 불들이 보이는 것처럼 태초의 빛이 점차 사그라지면서 별들이 제 위치를 찾고 그 모습을 드러내기 시작한 것이다.

지구의 가치

하나님이 두 큰 광명체로 지구를 위한 낮과 밤을 주관하게 하셨다는 것은 어떤 뜻일까? 이제부터 하나님의 창조는 지구를 중심으로 전개된다는 것을 의미한다. 우주공간에 있는 수많은 별과 행성들에 비하면 지구는 작은 먼지와 같은 존재에 불과하다.

그러나 먼지 같이 보잘것없는 지구에 하나님의 모든 관심과 가치가 집중되었던 것이다. 이것이 하나님의 지구를 향한 가치인 것이다. 우주가 아무리 넓고 광활하다 하여도 하나님의 가치는 그곳에 있지 않았다. 하나님은 하나님의 자녀가 있고 하나님이 임재를 하는 곳인 지구에 관심이 집중된 것이다.

현대 과학이 말하는 지구는 우주에 있는 수많은 행성 중 하나일 뿐이다. 그저 우연히 생겨났고 우연히 생명체가 나타나서 진화하였고 인간도 우연히 나타났다고 믿는다. 따라서 우주에 있는 수많은 행성 중에서 지구를 닮은 또 다른 행성이 있을 것이라고 믿는다. 확률적으로도 있을 가능성이 있다고 생각하는 것이다.

그러나 성경은 말한다. 지구는 수많은 다른 별들과 달리 하나님이 별도로 준비하였고 물로 덮어서 보호하였으며 생명을 잉태하는 아주 특별한 행성인 것이다. 우주의 그 어느 별도 지구와 같은 행성을 품은별이 없는 것이다. 외계인이 있을 것이라는 것은 우리가 상상할 수 있는 가정에 불과한 것이다.

| 17절. 하나님이 그것들을 하늘의 궁창에 두어 땅을 비추게 하시며 |

| 18절. 낮과 밤을 주관하게 하시고 빛과 어둠을 나뉘게 하시니 하나님이 보시기에 좋았더라 |

| 19절. 저녁이 되고 아침이 되니 이는 넷째 날이니라 |

해와 달이 낮과 밤을 주관하다

해와 달이 하늘의 궁창에 위치하게 되었다. 그러자 이 땅은 해와 달로부터 안정적으로 빛을 공급받기 시작한 것이다. 그것들은 이 땅에 일정하게 빛을 공급하기 시작하면서 수많은 생명체를 키워내는 것이다. 해와 달은 이 세상을 밝히는 빛의 주관자가 된 것이다.

해는 낮의 주관자가 되고 달은 밤의 주관자가 되었다. 이 세상은 낮과 밤이 일정한 주기로 교차하는 세상이 된 것이다. 낮이 좋다고 해서 밤이 오는 것을 막을 수 없다. 낮이 좋지만 어쩔 수 없이 밤을 맞이해야 하는 것이다. 축복이 좋지만 어쩔 수 없는 고난도 닥치는 것이다. 이것이 우리가 사는 세상이다.

빛을 따라 사는 자

이 세상은 낮과 밤이 교차하는 곳이다. 우리 인생은 밝은 낮도 있지만 어두운 밤도 있는 것이다. 우리는 낮에 길을 잃지 않는다. 그러나 밤이 되면 길을 잃을 수 있는 것이다. 우리에게도 언젠가 밤이 다가온다. 하나님은 밤에도 이 땅을 비추는 광명체를 우리에게 주신 것이다. 비록 우리가 원치 않는 밤이 다가올지라도 하나님은 우리를 위해 광명체를 준비하신 것이다. 이것은 우리를 놓지 않겠다는 의지를 보이신 것이다.

밤이 오는 것을 우리는 막을 수는 없다. 그러나 밤이 오면 우리는 광명체를 따라가야 하는 것이다. 또한, 우리도 작은 광명체가 되어 어두운 세상을 비추어야 하는 것이다. 어두운 밤에 동방의 박사들은 별빛을 따라가서 예수님을 만났다. 우리도 인생의 어두운 밤을 만날 때 우리를 인도하는 작은 빛을 놓쳐서는 안 되는 것이다. 어둠의 유혹을 따르지 않고 비록 작지만 빛을 따라 사는 자는 결국 큰 빛이신 예수님을 만나게 되는 것이다.

7편

바다와 하늘에 동물들이 나타나다 〈다섯째 날〉

20. 하나님이 이르시되 물들은 생물을 번성하게 하라.
땅 위 하늘의 궁창에는 새가 날으라 하시고
21. 하나님이 큰 바다 짐승들과 물에서 번성하여 움직이는 모든 생물을
그 종류대로, 날개 있는 모든 새를 그 종류대로 창조하시니
하나님이 보시기에 좋았더라.
22. 하나님이 그들에게 복을 주시며 이르시되 생육하고 번성하여
여러 바닷물에 충만하라 새들도 땅에 번성하라 하시니라.
23. 저녁이 되고 아침이 되니 이는 다섯째 날이니라.

| 20절. 하나님이 이르시되 물들은 생물을 번성하게 하라 땅 위 하늘의 궁창에는 새가 날으라 하시고 |

물들은 생물을 번성하게 하라

다섯째 날, 하나님은 물에게 명령을 하신다. 물들은 생물을 번성하게 하라고 말씀하셨다. 궁창 위의 물은 공간을 나누는 역할을 했다. 그러나 궁창 아래의 물은 한곳에 모여 바다를 이루는 역할을 했다. 하나님은 그 바다의 물을 향하여 '생물을 번성하게 하라'고 명령하신다. 바다는 생물을 번성하게 하는 역할을 부여하신 것이다.

물에서 사는 생물들은 물이라는 배경에서 살아가도록 만들어졌다. 그들은 물을 떠나서 살 수 없다. 물은 그들을 위한 유일한 영역이다. 그들은 물에서 생명을 보존하고 번성하며 사는 것이다. 물에서 삶을 유지하고 물에서 자유를 누리는 것이다.

그러나 물은 또한 그들을 가두는 역할을 한다. 그들은 물을 넘어서 존재할 수 없기 때문이다. 물에서 존재하도록 만들어진 생물은 물을 벗어나는 것이 곧 저주인 것이다. 하나님께서 물들은 생물을 번성하게 하라고 말씀하신다. 그래서 물에서 사는 생물은 물에서 존재하며 물에서 번성해야 하는 것이다. 이것이 바로 하나님이 정하신 질서이다.

궁창에는 새가 날으라

그리고 하나님은 '땅 위 하늘의 궁창에는 새가 날으라'고 말씀하신다. 땅 위의 궁창은 새의 영역이기 때문이다. 그래서 하나님의 말씀대로 새들은 땅 위 궁창을 날아야 하는 것이다. 이것은 하나님이 정하신 질서이다. 새로 태어났는데 하늘을 날지 않는 것들은 부정한 것이다. 이것들은 하나님이 정하신 질서를 벗어났기 때문이다.

하나님이 새들은 땅에서 번성하라고 말씀하신다(창1:22). 따라서 새들은 땅에서 번성하고 하늘을 날아야 하는 것이다. 땅에서 번성하지 않고 물에서 번성하는 새들은 부정한 것이다. 또한 하나님은 새들에게 풀을 먹으라고 하신다(창1:30). 따라서 새들은 하나님의 말씀대로 풀을 먹어야 하는 것이다. 그러나 풀을 먹지 않고 다른 동물을 잡아먹는 새들이 나타난 것이다. 이들은 부정한 것이다.

하나님이 새들에게 지정하신 질서는 하늘을 날며 땅에서 번성하고 풀을 먹어야 하는 것이다. 그러나 지금 우리가 사는 시대는 하나님의 질서를 따르는 새들이 많지 않다. 짐승들도 하나님의 질서를 벗어난 것이다. 인류의 타락은 땅의 저주와 땅에 속한 모든 생명체들의 저주로 연결된 것이다.

| 21절. 하나님이 큰 바다짐승들과 물에서 번성하여 움직이는 모든 생물을 그 종류대로 날개 있는 모든 새를 그 종류대로 창조하시니 하나님이 보시기에 좋았더라 |

바다와 하늘에 동물을 만드시다

다섯째 날, 하나님이 바다와 하늘에 움직이는 동물들을 만드신다. 세상에 처음으로 살아있는 동물들이 등장하기 시작한 것이다. 그들은 바다에 사는 동물들과 하늘을 나는 조류였다. 하나님은 그들을 종류대로 창조하였다.

성경은 바다에 사는 동물들을 두 가지로 분류하여 설명한다. 한 분류는 큰 바다짐승들이고, 다른 한 분류는 물에서 번성하여 움직이는 생물들이다. 물에서 번성하여 움직이는 생물이란, 물고기 등 우리가 일상적으로 알 수 있는 물속 생명체들이다. 그런데 큰 바다짐승들이란 무엇을 말하는 것인가?

큰 바다짐승

사실 우리에게는 큰 바다짐승들이 무엇인지에 대한 정보가 없다. 일상적으로 우리는 바다에 사는 고래 정도를 추측할 수는 있다. 그러나 우리가 생각해야 하는 것은 성경에서 말하는 큰 바다짐승은 고래라는 한 종류를 말한 것이 아니다. 지금 성경은 큰 바다짐승들을 조류나 어류와 구별된 종류로서 소개하고 있는 것이다.

즉 어류는 아니지만, 바다에서 사는 또 다른 짐승들의 종류가 있었다는 것이다. 그들의 종류는 어류와 구분될 정도로 다양하고 많았다고 생각할 수 있다. 성경은 이들에 대하여 “큰 바다짐승”이라고 소개한다. 이것은 그들의 특징이 매우 큰 짐승이기 때문이다. 이들이 다른 짐승들과 비교하여 매우 큰 공룡 같은 짐승들이라는 것을 우리에게 알려 준 것이다.

| 공룡과 큰 바다짐승 |

세계 곳곳의 지층에서 공룡의 화석들이 많이 발견되고 있다. 공룡의 화석들이 발견된다는 것은 공룡이 실존했던 짐승이라는 것을 반증한다. 우리는 화석을 통해서 공룡들의 크기와 모습을 알 수 있다. 그들은 매우 큰 짐승들이다. 그들은 초식 공룡도 있지만 무시무시한 이빨과 날카로운 발톱으로 무장한 무서운 육식공룡들이 많았다.

이렇게 커다랗고 포악스러운 짐승들의 모습을 보면서 '어떻게 이들이 세상에 나타났는가?' '하나님이 과연 이들을 만드셨는가?' 우리는 궁금하지 않을 수 없다. 우리는 성경을 통해서 이에 대한 해답을 찾고자 한다.

창세기 1장 21절은 큰 바다짐승들을 하나님이 만드셨다고 말한다. 큰 바다짐승들은 무엇인가? 우리는 그 이름을 통해서 그들이 매우 큰 짐승이었다는 것을 추측할 수 있다. 그리고 성경은 그들을 바다에 살면서 번성하는 짐승이라고 소개한다. 이들은 바다에 속한 짐승이다. 그러므로 이들의 영역은 바다이다.

큰 바다짐승들은 무엇을 먹었을까? 하나님은 땅에 속한 짐승과 하늘에 속한 짐승에게는 풀을 먹으라고 하셨다(창 1:30). 그러나 물에 속한 동물에게는 '무엇을 먹어라'는 말씀을 하지 않으신다. 이것은 물에 속한 동물은 모두 초식동물이 아니라는 것이다.

즉 태초에 하나님이 만드신 바다의 생물들은 지금의 생태계처럼 초식과 육식의 동물들이 섞여 있었던 것이다. 바로 그곳에 큰 바다짐승들이 존재했던 것이다. 그들은 물에서 해초를 먹거나 또는 다른 물고기를 잡아먹으면서 바다의 생태계에 포함되었던 것이다. 이들은 비록 큰 육식동물일지라도, 바다에 속한 짐승이므로 육지의 동물들에게는 전혀 해가 되지 않았다. 왜냐하면, 하나님은 그들의 영역을 바다로 지정했기 때문이다. 그래서 그들은 '큰 바다짐승'이라고 불린 것이다.

다시 공룡에 대하여 생각해 보자. 화석으로 드러난 공룡들은 바다에만 존재하지 않았다. 그들은 육지에도 나타났다. 특히 이들 대부분은 물과 육지의 경계에 존재하는 파충류들이다. 그렇다면 물과 육지의 경계에 존재하는 파충류를 하나님이 만드셨는가?

하나님은 태초에 짐승을 만드실 때 그들의 영역을 분명하게 지정하시었다. 모든 짐승은 물이나 하늘이나 땅에 속하도록 만드시었다. 물에 속한 짐승과 하늘에 속한 짐승은 다섯째 날 만드시고 땅에 속한 짐승은 여섯째 날 만드셨다. 그렇다면 파충류는 도대체 어느 날 만드신 동물인가?

파충류의 대표적인 동물인 뱀에 대하여 생각해보자. 뱀은 하나님이 만드신 들짐승 중 하나이었다(창3:1). 뱀은 여섯째 날 만들어진 풀을 먹는 들짐승이었다. 그런데 뱀의 성품은 간교하였던 것이다(창3:1). 그래서 뱀은 사탄이 인간을 유혹하는 도구로 사용된 것이다.

그로 인하여 뱀은 저주를 받게 된다. 그들은 다리를 잃고 배로 기어 다니는 지금의 파충류로서 변화된 모습으로 살게 된 것이다. 뱀은 들짐승으로서 땅에 속하여 풀을 먹는 동물이었지만 이제는 다리가 없는 파충류로서 다른 동물을 잡아먹는 육식으로 바뀐 것이다.

지금의 동물은 하나님이 최초에 만드신 모습과 많이 다르게 변화되었다. 그들의 변화는 긍정적인 변화된 것이 아니라 부정적으로 변화된 것이다. 왜냐하면, 동물들이 저주를 받았기 때문이다. 그것의 증거는 하나님이 뱀을 저주하실 때 나타난다.

하나님이 뱀을 저주하실 때 "네가 모든 육축과 들의 모든 짐승보다 더욱 저주를 받아…(창3:14)"라고 말씀하신다. 여기서 "더욱 저주를 받아"라는 말은, 이미 다른 짐승들도 저주를 받았지만, 뱀은 이들보다 '더 많이 저주를 받아'라는 말씀인 것이다.

이미 많은 다른 짐승들도 저주를 받았다는 것이다. 왜냐하면, 많은 동물이 하나님이 정하신 질서를 벗어났기 때문이다. 땅과 하늘 위에 육식동물들이 등장하였던 것이다. 하나님은 땅과 하늘에 속한 동물 중에서 육식동물을 만드신 적이 없다. 그런데 육식동물이 등장하기 시작하였다.

그뿐만이 아니다. 하나님이 정하신 영역을 벗어나는 짐승도 생겨났다. 물에 속한 짐승이 육지를 지향하기도 하고 육지에 속한 짐승이 물을 지향하기도 하였다. 파충류나 양서류와 같은 짐승들이 나타난 것이다.

'큰 바다짐승들'도 그들의 영역인 바다를 떠나서 육지를 지향하는 자들이 나타난 것이다. 물의 영역을 벗어나 육지로 올라온 것이다. 그리고 물과 육지의 경계에서 육지의 동물을 헤치는 거대한 파충류로 변화되기 시작한 것이다. 이들이 공룡이다.

| 22절. 하나님이 그들에게 복을 주시며 이르시되 생육하고 번성하여 여러 바닷물에 충만하라 새들도 땅에 번성하라 하시니라 |

| 23절. 저녁이 되고 아침이 되니 이는 다섯째 날이니라 |

생육하고 번성하라

하나님은 큰 바다짐승들과 어류와 조류들에게 축복의 말씀을 하신다. 큰 바다짐승들과 어류에게는 생육하고 번성하여 바닷물에 충만하라고 말씀하신다. 그리고 새들을 향하여는 땅에서 번성하라고 말씀하신다. 이것은 하나님이 큰 바다 짐승들과 어류와 조류가 어디에 살아야 하며 무엇을 해야 하는지 역할을 주시는 것이다. 하나님이 이들에게 질서를 주신 것이다.

그래서 큰 바다짐승들과 어류는 바다에서 살아야 하며 그곳에서 번성해야 한다. 그리고 조류는 하늘을 날아야 하며 땅에서 번성해야 하는 것이다. 하나님이 정하신 질서에 따라서 큰 바다짐승들은 바다의 생물들과 함께 생태계를 이루며 존재하고 번성하였던 것이다. 이것이 바로 하나님이 이들에게 부여한 질서이다.

| 동물의 등장과 변화 |

– 동물을 창조하고 질서를 부여하다 –

창세기는 모든 만물의 시작을 소개하고 있다. 우리는 그곳에서 동물들에 관한 몇 가지 중요한 단서를 발견하게 된다. 우리는 그 단서를 근거로 동물들의 등장과 변화 과정을 소개하고자 한다. 그러나 성경은 하나님의 인류를 향한 사랑과 구원의 메시지를 담은 책이지 동물들을 자세하게 설명해주는 책은 아니다. 따라서 동물에 대한 소개는 몇 가지 단서를 통한 예측이다.

동물들이 세상에 처음으로 등장하기 시작한 때는 천지창조 다섯째 날이다. 하나님은 그들을 말씀으로 창조하신다. 그런데 하나님이 동물들을 창조하기 위해 하신 말씀은 매우 독특한 특징이 있다. 그것은 바로 그들을 창조함과 동시에 그들에게 질서를 부여했다는 것이다.

- 바다와 하늘의 동물에게 질서를 주다 -

다섯째 날, 하나님은 큰 바다짐승들과 물에서 사는 생물들을 만들면서 이들에게 질서를 부여한다. 물은 생물을 번성하게 하라(창1:21)고 하시고 또한 이들에게 생육하고 번성하여 여러 바닷물에 충만하라(창1:22)고 말씀하신다. 큰 바다짐승들과 물에서 사는 생물들은 하나님의 말씀에 따라서 물에서 살아야 하는 것이다. 이것이 바로 동물들에게 주어진 하나님의 질서이다.

그리고 하나님은 땅 위 하늘의 궁창에는 새가 날으라고 말씀하신다(창1:20). 그리고 새들을 종류대로 창조하시고(창1:21) 땅에서 번성하라(창1:22)고 말씀하신다. 새들은 땅에서 번성하되 하늘을 날아야 하는 것이다. 이것이 바로 하나님이 정하신 새들을 향한 질서이다.

또한, 새들에게는 하나님이 먹을거리를 지정하시는데 그것이 바로 풀이다(창1:30). 이렇게 하나님은 동물들이 속한 영역을 정하시었다. 그리고 어떤 동물들의 무리에는 먹을 거리의 범위도 정하시었다. 이 모든 것이 동물들에게 주어진 하나님의 질서이다.

– 땅의 동물에 질서를 주다 –

여섯째 날에 하나님이 만드신 땅의 동물들도 마찬가지이다. 여섯째 날 하나님은 땅에 명령하신다. 땅은 그 생물을 종류대로 내되 가축과 기는 것과 땅의 짐승을 종류대로 내라고 하신다(창1:24). 짐승과 가축과 땅에 기는 모든 생물은 땅에 속한 동물들이다.

그들은 땅에서 사는 것이 하나님의 질서에 순응하는 것이다. 하나님은 이들에게 먹을거리도 지정하신다. 그것이 바로 푸른 풀이다. 하나님은 땅의 모든 짐승과 하늘의 모든 새와 생명이 있어 땅에 기는 모든 것에게는 풀을 먹도록 명령 하신다(창1:30).

하나님이 동물들을 만드실 때는 이미 그들이 속한 영역을 정하신 것이다. 물에 속한 동물이 있고 또한 하늘에 속한 동물이 있으며, 땅에 속한 동물도 있는 것이다. 그들은 자신에게 주어진 영역에서 살며 번성하는 것이다. 그들은 그 영역을 벗어날 수 없는 것이다.

그리고 하나님은 동물들에게 무엇을 먹어야 하는지도 지

정하셨다. 땅에 사는 모든 동물과 하늘을 나는 새들에게는 푸른 풀을 먹으라고 말씀하신다. 땅에 사는 모든 동물과 하늘을 나는 모든 새들은 모두 초식동물이었던 것이다.

따라서 땅 위의 생태계는 식물들과 식물을 먹는 초식동물들로만 구성되었던 것이다. 태초의 땅 위의 생태계는 다른 동물을 해치거나 잔인하게 잡아먹는 일이 없었던 것이다. 이것이 바로 태초에 하나님이 정하신 자연의 생태계이다.

그러나 바다에 사는 짐승들과 물에서 번성하여 사는 생물들에게는 먹을거리를 따로 지정하지 않으셨다. 그래서 바다의 생태계는 큰 바다짐승들과 물에서 번성하여 움직이는 모든 생물들과 먹이사슬의 생태계를 이루었을 것이다. 큰 바다짐승들은 물고기를 잡아먹거나 해초류를 먹으면서 바다의 생태계를 이루었을 것이다.

- 동물들이 변질되다 -

지금까지 우리는 태초에 하나님이 만드신 짐승들의 모습을 살펴보았다. 우리는 태초에 하나님이 만드신 짐승들의 모습이 현재 우리 시대의 동물들과 많이 다른 것을 깨닫게 된다. 지금 땅 위에는 다른 동물을 잡아먹는 육식동물들이 많이 살고 있다. 그들은 사납고 포악하며 잔인하게 다른 동물을 잡아먹는다. 그들은 다른 동물을 잡아먹지 않으면 그들 또한, 굶어 죽을 수밖에 없는 처지에 놓인다.

심지어 땅 위에 기는 작은 벌레들조차도 풀을 먹지 않고 다른 동물을 해치거나 잡아먹는다. 하늘을 나는 새도 풀을 먹지 않고 다른 동물을 잡아먹는 조류들이 나타난 것이다. 땅과 하늘 위의 동물들이 풀을 먹는 것은 하나님이 정하신 질서이다. 그러나 이 질서를 지키지 않는 동물들이 등장하기 시작한 것이다.

하나님이 동물들을 위해 명령한 질서는 먹을거리에서만 파괴된 것이 아니었다. 영역에서도 파괴되기 시작했다. 물에서 살도록 만들어진 바다의 짐승들이 육지로 올라오기 시작했다. 또한, 땅에 속한 짐승으로 만들어졌지만 그들 중에는 물을 지향하는 짐승들도 생기기 시작한 것이다. 하나님이 정하신 질서를 짐승들이 파괴하기 시작했다. 더 쉽게 표현한다면 짐승들도 질서를 벗어나는 범죄를 한 것이다. 이 표현은 신학적으로 논란이 일어날 수 있다고 생각한다. 하지만 성경은 짐승들도 하나님께 범죄를 하였다는 것을 우리에게 알려주고 있다.

– 간교한 뱀 –

태초의 인간 아담을 유혹하기 위해 한 짐승이 등장한다. 그것은 뱀이었다. 물론 뱀이라는 짐승이 자의적으로 아담을 유혹한 것은 아니다. 사탄이 뱀이라는 짐승을 아담을 유혹하기 위한 도구로 삼은 것이다.

아담을 유혹하는 뱀에 대하여 성경은 '간교하다'라고 표현한다. 성경은 뱀을 가리켜 "여호와 하나님이 지으신 들짐승 중에 가장 간교한 짐승(창3:1)"이라는 표현이다. 여기서 가장 간교한 짐승이라는 말은 어떤 뜻일까? 이 말은 이미 다른 짐승들도 간사하고 교활하지만 그중에서 뱀이 가장 간사하고 교활하다는 표현인 것이다.

하나님이 만드신 짐승들이 이미 간교한 행동을 하기 시작한 것이다. 간교한 동물들은 풀숲에 숨어 있다가 다른 약한 동물들이 나타나면 그들을 해치거나 괴롭혔던 것이다. 간교한 동물들은 하나님이 정하신 질서를 무시했다.

간교한 동물들은 결국 어둠을 틈타 움직이는 사탄의 도구로 전락하고 마는 것이다. 사탄은 간교한 동물을 이용하여 하나님의 질서를 차근차근 무너트려가기 시작했다. 그들은 하나님이 정하신 공의로운 자연의 법칙을 흔들어 놓기 시작하는 것이다.

이들의 파괴적인 행동의 최고 정점은 바로 아담과 하와의 유혹이다. 사탄은 가장 간사하고 교활한 짐승인 뱀을 이용하여 하와를 유혹한 것이다. 그리고 그녀로 범죄를 하게 만들었다. 이것은 하나님과 인간 사이의 질서를 무너뜨리는 결정적인 요인이다. 범죄란 하나님과 피조물 사이의 질서 즉 언약을 무너뜨리는 것이다. 지금까지 동물들의 세계를 차근차근 무너뜨려온 사탄은 간교한 짐승인 뱀과 한 몸이 되어 인간이 죄를 범하게 만든 것이다.

- 다른 짐승들도 저주를 받았다 -

하나님은 인간을 유혹한 뱀을 심판하신다.

"여호와 하나님이 뱀에게 이르시되 네가 이렇게 하였으니 네가 모든 육축과 들의 모든 짐승보다 더욱 저주를 받아 배로 다니고 종신토록 흙을 먹을 지니라(창3:14)"

이 말씀은 "뱀이 이렇게 하였으니 저주를 받을 것"이라는 표현이다. 그런데 그 표현을 '네가 모든 육축과 들의 모든 짐승보다 더욱 저주를 받을 것이다'라고 말하는 것이다. 즉 다른 짐승들도 저주를 받았지만 뱀은 더 많이 저주를 받을 것이라는 말이다.

뱀은 저주를 받아서 그의 모습과 먹는 것에 변화가 생겼다. 뱀은 다리가 없어지게 되었던 것이다. 그리고 그의 먹는 것도 변하였다. 그는 흙을 먹는 자가 되었다. '흙'을 먹는 것은 '육체'를 먹는 것으로 해석할 수 있다. 모든 육체가 흙으로 만들어졌기 때문이다. 풀을 먹는 들짐승이었던 뱀은 이제는 육식으로 바뀐 것이다. 동물이 저주를 받으면 그의 모습과 먹는 것도 변하였던 것이다.

태초에 하나님이 만드신 동물들이 그 모습을 그대로 지금까지 이어온 것이 아니다. 그들은 저주를 받아서 형태가 변화되었던 것이다. 하나님이 만드신 동물들이 간교한 성품에 의해 하나님의 정하신 질서를 벗어나기 시작한 것이다.

그들 중 일부는 사납고 포악하게 변화가 되어 다른 동물을 해치고 잡아먹는 짐승으로 변하였다. 그들로 인하여 다른 초식동물들도 두려움에 떨어야 했던 것이다. 겁에 질린 눈으로 주위를 살펴야 하고 더 빨리 달아나고 더 빨리 숨어야 했다. 때로는 포식자들의 공격으로부터 보호받기 위하여 무리를 짓거나 여러 가지 다양한 방법으로 그들의 모습이 변화된 것이다.

– 인간도 짐승도 변질되다 –

인간도 범죄를 하여 모습이 바뀌고 먹는 것도 바뀌게 된 것이다. 선악과를 먹은 후 인간은 수치심과 두려움의 감정이 생기게 되었다. 노아시대 이후에는 수명도 줄어들고 또한 육식도 하게 된다. 이 모든 것이 죄가 만들어내는 결과이다.

하나님은 노아를 통하여 방주를 예비하게 하시고 그곳에 짐승을 태울 때에, 짐승들을 두 가지로 구분하여 태우신다.

바로 정한 짐승과 부정한 짐승으로 나누어서 태우신 것이다. 이미 하나님이 만드신 짐승 중에는 부정한 짐승으로 타락된 것들이 있다는 것이다.

태초에 하나님은 짐승들을 부정하게 만들지 않았다. 그러나 그들은 그들의 간교한 성품에 따라서 하나님이 정하신 질서를 무시하고 파괴한 것이다. 그것에 사탄이 또한 개입한 것이다. 사탄은 어둠을 틈타서 영혼이 없는 짐승들을 유혹하고 그들의 간교한 성품을 이용하여 하나님의 질서를 조금씩 무너뜨리기 시작했다.

이처럼 사악한 이들의 행동 중에서 가장 큰 정점이 바로 하와의 유혹이다. 그들은 세상의 짐승들이 아닌 에덴동산에 있는 하나님의 자녀 신분인 아담과 하와까지 유혹한 것이다. 사탄은 이로써 그들의 목적을 달성한 것이다.

하나님이 정하신 질서를 파괴하는 죄는 인간만 범한 것은 아니었다. 짐승도 죄를 범한 것이다. 인간보다 먼저 짐승들이 죄를 범했던 것이다. 그러나 그들은 영적 존재가 아니기 때문에 그들은 세상에서 저주스러운 삶을 살다가 그들의 목숨이 떠나면서 끝나는 것이다.

그들은 세상에 태어나서 다른 맹수들에게 잡아먹히지 않기 위해 숨어야 하고 도망가야 하는 긴장된 삶을 사는 것이다. 맹수들 또한 다른 동물을 잡아먹지 않으면 굶어 죽을 수밖에 없는 비참한 존재들인 것이다. 그들은 그렇게 고통스러운 세상의 삶을 보낸 후에 죽음과 함께 사라지게 된다. 이것이 짐승의 삶이다.

8편

땅에 동물들이 나타나다

<여섯째 날>

24. 하나님이 이르시되 땅은 생물을 그 종류대로 내되 가축과
기는 것과 땅의 짐승을 종류대로 내라 하시니 그대로 되니라.
25. 하나님이 땅의 짐승을 그 종류대로, 가축을 그 종류대로,
땅에 기는 모든 것을 그 종류대로 만드시니
하나님이 보시기에 좋았더라.

| 24절. 하나님이 이르시되 땅은 생물을 그 종류대로 내되 가축과 기는 것과 땅의 짐승을 종류대로 내라 하시니 그대로 되니라 |

땅은 동물을 키울 준비를 하였다

여섯째 날이 되자 하나님은 땅 위에 생물을 만들기 시작하신다.

하나님은 땅을 향하여 말씀하신다. "땅은 생물을 종류대로 내라."

이미 셋째 날, 땅은 식물을 내었다. 식물은 오랜 세월을 땅위에서 자라온 것이다. 물론 넷째 날 태양이 지구 위에 안착되기 전까지는 빙하기와 같은 매서운 추위의 시간을 지났을 수도 있다. 하지만 땅은 오랜 세월동안 식물을 키워왔던 것이다. 태양이 안착되면서 안정적인 햇빛의 공급으로 인하여 식물은 땅 위에서 풍부하게 자라났다. 이미 땅은 태어날 동물들을 키워 낼 준비를 한 것이다.

땅이 동물을 만들어 내다

여섯째 날이 되자 하나님의 명령에 의해서 땅은 또 다시 살아있는 생명체를 만들어 내기 시작한다. 이번에 땅이 만들어내는 생명체는 식물이 아니다. 살아있는 동물들이다. 그들은 가축과 기는 것과 땅의 짐승들이었다.

하나님은 이것들을 그 종류대로 내라고 명령하시는 것이다. 하나님의 말씀에 따라서 땅은 가축을 종류대로, 땅에 기는 것을 종류대로, 땅의 짐승을 종류대로 만들어 내기 시작한 것이다.

짐승들이 땅에서 종류대로 태어났다. 물로 보호를 받았던 지구는 마치 커다란 어머니의 자궁과 같았던 것이다. 따뜻한 기온과 풍부한 영양 그리고 깨끗하고 부드러운 흙과 그 위에 생명을 공급하여 주는 피와 같은 역할을 하는 생명수가 흘렀던 것이다. 생명을 잉태할 수 있는 자궁과 같은 지구의 땅이 준비 되었던 것이다.

그러나 아무리 생명을 잉태할 수 있는 좋은 환경이 준비되었을

지라도 생명의 씨앗이 뿌려지지 않으면 생명체가 태어날 수 없는 것이다. 하나님은 여섯째 날이 되자 지금까지 준비된 모든 환경 위에 생명의 씨앗을 뿌리신다. 각기 짐승들의 생명의 씨앗이 말씀으로 땅위에 뿌려졌다. 땅은 생명수가 흐르는 곳을 따라 각기 종류대로 생명체들을 잉태하게 된 것이다.

처음 태어난 것들

땅 위에 각기 종류대로 동물들이 태어났다. 그들은 처음으로 등장하는 육지의 동물들이다. 그들은 하나님의 말씀에 의해서 땅에서 나온 동물들이다. 그리고 하나님이 정하신 질서에 의해서 살아가기 시작한다. 그래서 처음 태어난 것은 모두 하나님의 것이라고 성경은 말한다.

"이스라엘 자손 중에서 사람이나 짐승을 막론하고 태에서 처음 난 모든 것은 다 거룩히 구별하여 내게 돌리라 이는 내 것이니라 하시니라(출13:2)"

하나님은 첫 번째 만드신 생명체에 대한 향수가 있다. 그들은 하나님에 의해서 처음 만들어졌고 하나님이 정하신 질서에 순종하였기 때문이다. 하나님이 첫 것을 거룩히 구별하여 하나님께 돌리라는 말씀은 하나님이 처음 창조했을 때를 기억하라는 말씀이기도 하다. 그때의 그 질서에 순응하는 것이 하나님의 원하시는 뜻이고 이것을 거룩한 것이라고 말씀하는 것이다.

| 25절. 하나님이 땅의 짐승을 그 종류대로, 가축을 그 종류대로, 땅에 기는 모든 것을 그 종류대로 만드시니 하나님이 보시기에 좋았더라 |

땅의 동물을 종류대로 만드시다

땅 위에 동물들이 나타나기 시작했다. 그들은 땅의 짐승과 가축과 땅에 기는 것들이었다. 하나님은 이것들을 그 종류대로 만들었다. 우리가 기억해야 할 것은, 땅 위의 동물들은 처음 만들어질 때부터 완전한 개체로서 만들어졌다는 것이다. 동물들은 불완전한 것에서 완전한 것으로의 진화가 아니었다. 그들은 처음부터 완전하게 만들어졌다. 그리고 각기 종류대로 만들어졌다. 처음에는 동물들이 땅에서 나왔지만, 그 후에는 새끼를 낳으면서 번성하는 것이다.

하나님은 땅 위의 동물들을 땅의 짐승과 가축으로 나누어 만드신다. 땅의 짐승은 야생의 성품을 지녔고, 그들은 산과 들에서 살았다. 그러나 가축은 사람과 공생하도록 만들어진 동물이다. 그들은 사람을 따르거나 사람을 돕는 역할을 한다. 땅의 짐승과 가축은 태생부터 달랐던 것이다. 하나님은 처음부터 이들을 구별하여 만드신 것이다. 야생 동물이 길들여진다고 가축이 되지 않는다. 말은 사람과 공생하는 가축으로서 존재하지만 얼룩말은 아무리 길들여도 가축이 되지 않는 것이다. 이미 하나님은 처음부터 가축과 들짐승을 구별하여 만드셨기 때문이다.

인간이 동물을 다스리다

인간은 들짐승과 가축을 포함하여 모든 생물을 다스릴 권세를 받았다(창1:28). 그래서 들짐승과 모든 생물은 인간의 명령에 복종해야만 한다. 인간이 동물을 다스린다는 것은 그들을 가두고 잡아먹는 것을 의미한 것이 아니다. 왜냐하면 하나님이 태초의 인간에게 동물을 잡아먹으라고 하지 않으셨다. 태초의 인간에게는 씨 맺는 채소와 씨 맺는 과일을 먹으라고 하신 것이다. 인간이 먹어야 할 것은 동물이 아니었다. 가축은 인간의 가까이에서 돕고 도움을 받으며 살고, 인간은 가축을 포함하여 세상의 모든 짐승들을 하나님의 질서로 다스리는 것이었다. 이것이 바로 태초의 하나님이 세상을 향하여 정하신 질서였다.

9
편

땅에 사람이 나타나다

<여섯째 날>

26. 하나님이 이르시되 우리의 형상을 따라 우리의 모양대로
우리가 사람을 만들고 그들로 바다의 물고기와 하늘의 새와 가축과
온 땅과 땅에 기는 모든 것을 다스리게 하자 하시고
27. 하나님이 자기 형상 곧 하나님의 형상대로 사람을 창조하시되
남자와 여자를 창조하시고
28. 하나님이 그들에게 복을 주시며 하나님이 그들에게 이르시되
생육하고 번성하여 땅에 충만하라, 땅을 정복하라, 바다의 물고기와
하늘의 새와 땅에 움직이는 모든 생물을 다스리라 하시니라.

| 26절. 하나님이 이르시되 우리의 형상을 따라 우리의 모양대로 우리가 사람을 만들고 |

성부, 성자, 성령의 하나님

여섯째 날 하나님은 또한 말씀하신다. “우리의 형상을 따라 우리의 모양대로 우리가 사람을 만들고” 하나님이 사람을 만들기로 결심하셨다. 여기에서 하나님은 스스로를 “우리”라고 말씀하시면서 복수로 지칭한다. 천지를 창조하신 하나님은 성부, 성자, 성령의 하나님이심을 우리로 알게 한 것이다. 성경은 창조의 하나님이 삼위의 하나님이심을 말하고 있다. 그러면서도 또한 삼위의 하나님은 하나이심을 우리에게 말하고 있다. 예수님은 자신을 가리켜 하나님과 하나이라고 설명하신다.

“나와 아버지는 하나이니라 하신대(요10:30)”

하나가 되는 관계

여기서 ‘하나이니라.’는 것은 물리적으로 하나의 실체라는 것이 아니다. 예수님은 하나님의 독생자라는 신분을 지니신 독립된 인격이시다. 예수님이 “나와 아버지는 하나이니라.” 하신 말씀은 관계적으로 하나가 됨을 의미하는 것이다. 예수님은 하나님의 뜻을 위하여 자신을 제물로 드리는 완벽한 순종으로 하나님과 하나가 됨을 몸소 보이신 것이다. 즉 예수님과 하나님은 서로 한 몸과 같이 철저하게 사랑하고 순종하는 관계로서 하나가 됨을 드러내었다.

“그리스도께서 하나님 곧 우리 아버지의 뜻을 따라 이 악한 세대에서 우리를 건지시려고 우리 죄를 대속하기 위하여 자기 몸을 주셨으니(갈1:4)"

그래서 예수님은 빌립에게 나를 본 자가 아버지를 보았다고 말하는 것이다. 이것은 예수님을 보면 하나님의 뜻이 다 보이기 때문이다. 예수님의 말하는 것과 행동하는 것과 생각하는 것이 모두 하나님의 뜻이었기 때문이다. 예수님은 하나님의 뜻을 위해 이 땅에 오신 것이다.

"예수께서 이르시되 빌립아 내가 이렇게 오래 너희와 함께 있으되 네가 나를 알지 못하느냐 나를 본 자는 아버지를 보았거늘 어찌하여 아버지를 보이라 하느냐(요14:19)"

영적인 가족

예수님의 어머니와 동생들이 예수님을 찾으러 왔을 때 예수님이 제자들에게 이렇게 말씀하신다.

"누구든지 하나님의 뜻대로 행하는 자가 내 형제요 자매요 어머니이니라(막3:35)"

물론 마리아와 그의 동생들은 예수님의 어머니요 형제들이다. 그들은 예수님과 혈육의 관계로 맺어진 가족이다. 그런데 예수님의 이 말씀은 예수님과 영적인 가족관계에 대한 본질을 설명한 것이다. 예수님은 하나님의 뜻에 순종하는 자와 영적으로 가족이 된다는 말씀을 하신 것이다. 하나님의 뜻에 순종하는 자들과 예수님은 형제나 자매와 같은 끊을 수 없는 관계로 맺어짐을 말씀하시는 것이다.

예수님이 하나님의 뜻에 순종하여 하나님과 하나가 되는 것 같이 우리도 하나님의 뜻에 순종할 때 예수님과 한 형제와 자매 같은 가족의 관계로 맺어진다는 것이다. 아담이 온 인류의 육적인 조상이 된 것같이 예수님은 인류의 영적인 조상이 되었다. 우리가 예수님을 통하여 하나님과 영적인 가족이 될 수 있는 길이 열린 것이다. 그 길은 예수그리스도를 믿음으로 시작되는 것이다. 이렇게 하나님은 우리 인간에게 하나님과 하나 될 수 있는 관계의 문을 열어 놓으셨다.

성령님과 하나가 됨

성령님도 이처럼 하나님의 뜻을 통달하시고 이를 우리에게 알게 하신다.

"오직 하나님이 성령으로 이것을 우리에게 보이셨으니 성령은 모든 것 곧 하나님의 깊은 것까지도 통달하시느니라(고전2:10)"

"마음을 살피시는 이가 성령의 생각을 아시나니 이는 성령이 하나님의 뜻대로 성도를 위하여 간구하심이니라(롬8:27)"

"그 때에 예수께서 성령에게 이끌리어 마귀에게 시험을 받으러 광야로 가사(마4:1)"

성령님은 하나님의 뜻대로 성도를 위해 간구하신다. 예수님도 성령님에 의해 하나님의 뜻을 알고 그의 인도하심을 받고 순종하였던 것이다. 이처럼 성부 성자 성령의 하나님은 하나님의 뜻이라는 하나의 목적을 위하여 함께 순종하고 함께 희생하였다. 이것이 바로 성부, 성자, 성령 하나님이 하나가 되는 법이었다.

인간이 하나님과 하나가 되는 관계

하나님이 피조물인 우리에게 기대하는 바도 이와 동일하다. 하나님의 뜻과 그분의 말씀에 순종하여 우리가 하나님께 속한 자임을 보여주는 것이다. 하나님의 뜻에 온전히 순종할 때 우리는 하나님과 하나가 되는 관계로 맺어지게 된다. 이것이 바로 하나님의 자녀가 됨이요. 이것이 구원인 것이다. 하나님이 우리에게 기대하는 것은 바로 이와 같은 관계이다.

하나님과의 관계가 깨어지는 것이 바로 타락이요 범죄인 것이다. 생명이 있는 피조물은 모두 욕망을 지닌 피조물이다. 이들은 하나님의 주어진 질서에 순종하는 자도 있지만, 반면에 하나님의 질서에 순종하지 않는 자도 있다. 순종하지 않는 자들은 하나님이 정하신 질서의 말씀을 무시하고 가볍게 여기며 욕망을 따라서 일탈하는 자들이다. 이것을 성경은 범죄라고 한다. 범죄의 결과는 저주로 연결되는 것이다.

이미 하나님의 명령을 무시하고 관계를 깨뜨린 자가 있었다. 그들은 바로 흑암에 속한 사탄이다. 하나님이 세상에 여전히 어둠을 놔두신 것은 어둠속에서 그들의 움직임을 허락하신 것이다. 그들은 하나님의 말씀과 질서를 무시하고 타락한 자들과 교활한 자들을 찾아 그들에게 속한 자로 만든다. 이것들이 우리가 사는 세상에서 나타나는 현상이다.

하나님의 형상대로 사람을 만들고

하나님은 인간을 만들기로 결정하신다. 하나님이 인간을 만드시되 하나님의 형상과 모양을 따라서 만들기로 결정하신다. 한마디로 말하면 인간은 하나님을 닮았다는 뜻이다. 그리고 하나님은 인간에게 생기를 넣어서 살아있는 영적 존재로 인간을 만드신다.

하나님의 이 결정은 즉흥적인 결정이 아니다. 창세전부터 매우 오랜 시간 동안 준비된 결정이다. 인간을 만들자고 말씀하시는 것은 그때 갑자기 인간이라는 존재를 만들기로 결정한 것이 아니다. 이제야 비로소 인간을 만들 때가 되었다는 말씀인 것이다. 인간을 만들기 위해 모든 준비가 다 되었다는 말씀인 것이다.

| 26절. …그들로 바다의 물고기와 하늘의 새와 가축과 온 땅과 땅에 기는 모든 것을 다스리게 하자 하시고 |

동물을 다스리라

하나님이 우리 인간을 통하여 기대하는 것이 있었다. 그것은 바로 하나님이 만드신 동물들을 다스리는 일이다. 인간이 하나님으로부터 다스림과 통치를 받는 것처럼, 동물들은 인간으로부터 다스림과 통치를 받도록 하신 것이다. 하나님은 우리로 하여금 바다의 물고기와 하늘의 새와 땅에 움직이는 모든 생물을 다스리기 원하셨다. 동물의 다스린다는 것은 동물을 가두고 죽이는 것이 아니다. 동물을 다스리다는 것은 하나님이 정하신 질서에서 동물들이 일탈하지 않도록 다스리고 통치하는 것을 의미한다.

하나님은 동물들의 세상에 만드신 질서가 인간을 통하여 운영되기를 기대하셨던 것이다. 그러나 인간은 하나님의 기대를 저버렸다. 동물을 하나님의 질서로 다스려야 할 인간이 자기 자신조차 다스리지 못했던 것이다. 인간 스스로 하나님의 질서를 벗어났다. 동물을 다스려야 할 인간이 타락하여 에덴동산에서 쫓겨나게 된 것이다. 동물들의 입장에서는 주인을 잃은 것과 같다. 동물들은 자신들을 하나님의 질서로 다스리고 통치해줄 주인을 잃은 것이다. 동물들은 하나님의 질서를 벗어나기 시작한다. 인간의 범죄와 타락은 결국 하나님이 정하신 자연 질서의 파괴로 연결된 것이다.

짐승들이 질서를 일탈하다

인간을 통해서 하나님의 질서로 다스림을 받지 못하는 짐승들은 하나님의 질서를 일탈하기 시작한 것이다. 풀을 먹어야 하는 짐승들이 다른 동물을 잡아먹는 짐승으로 변질되었다. 간사하고 교활하며 포악한 짐승들로 변한 것이다.

지금 시대의 동물들이 이와 같다. 그들은 약육강식의 생태계를 이루어 생존한다. 그러나 이것은 하나님이 원하셨던 생태계가 아니다. 하나님이 정하신 생태계의 질서는 이미 파괴되었다. 자연의 생태계는 천국의 질서를 닮은 것이 아니라 두렵고 파괴적인 지옥의 질서를 닮은 것이다. 하나님의 선하신 질서의 통치를 받지 못하자, 동물들의 세계는 지옥과 같이 되어버린 것이다.

| 27절. 하나님이 자기 형상 곧 하나님의 형상대로 사람을 창조하시되 |

하나님의 형상을 닮다

하나님이 사람을 창조하시었다. 하나님이 사람을 창조하실 때에, 하나님의 형상대로 사람을 창조하신 것이다. 즉 인간은 하나님의 형상을 닮았다는 것이다. 하나님은 인간의 몸과 마음과 생각의 구조가 비슷하다는 것이다. 그래서 하나님은 인간과 교통하고 인간을 이해할 수 있는 것이다.

또한 하나님의 형상대로 사람을 창조하였다는 것은 사람이 곧 하나님의 자녀 신분이라는 의미를 지니기도 한다. 아담이 그의 아들 셋을 낳을 때 자기 형상과 같은 아들이라는 표현을 한다.

"아담은 백삼십 세에 자기의 모양 곧 자기의 형상과 같은 아들을 낳아 이름을 셋이라 하였고(창5:3)"

하나님의 섭리

따라서 인간은 하나님의 형상대로 만들어진 자녀라는 것이다. 하나님의 천지창조 핵심은 바로 인간이었다. 하나님의 천지창조의 모든 것은 바로 인간을 위해서 만든 것이다. 하나님은 자녀인 인간을 동물과 같이 흙으로 만든 육체를 입히신 것이다. 그리고 세상에 두신다.

이 모든 과정은 하나님의 놀라운 섭리였다. 인간을 죄로부터 구원하기 위한 치밀한 계획이었던 것이다. 이 계획은 외부로부터 침입하는 죄를 막기 위한 것이 아니다. 인간 안에서 솟아나는 타락의 욕망에서 인간을 구원하기 위한 계획이었던 것이다.

| 27절. …남자와 여자를 창조하시고 |

남자와 여자

하나님이 인간을 만드실 때, 사람을 남자와 여자로 구분하여 만드신다. 인간은 영적인 피조물이다. 영적인 피조물로서 남자와 여자가 만들어지는 것은 매우 독특한 창조 방법이다. 왜냐하면, 하나님이 사람을 만들기 이전에 만드신 영적 피조물이 있다. 그들이 바로 천사들이다. 하나님이 천사들을 만드실 때는 남자와 여자로 만들지 않았다. 오직 인간만 남자와 여자로 만드신다.

"부활 때에는 장가도 아니 가고 시집도 아니 가고 하늘에 있는 천사들과 같으니라(마22:30)"

하나님이 천사를 만드실 때는 남자와 여자로 만들지 않았다. 하나님이 만드신 영적 피조물은 성적으로 구별이 없는 것이다. 그러나 인간을 만드실 때는 그렇지 않았다. 인간을 남자와 여자로 만드신 것이다. 아담과 하와는 하나님이 직접 만드신 남자와 여자이다. 그러나 아담과 하와 이외의 사람들은 하나님이 직접 만들지 않으신다. 엄마와 아빠의 몸을 통하여 태어나도록 하신 것이다.

태어남의 법칙

천사와 인간은 만들어지는 방법이 이렇게 달랐던 것이다. 천사는 하나님에 의해서 직접 만들어졌지만 인간은 '태어남의 법칙'을 통하여 부모의 몸으로부터 만들고 있는 것이다. 이 둘의 가장 큰 차이는 바로 '관계'의 차이인 것이다. 하나님에 의해서 직접 만들어지는 천사는 오직 하나님과 개별적인 천사들의 관계만 있는 것이다. 하나님과 천사들의 관계는 주인과 종의 관계로서 천사는 하나님의 명령에만 순종하면 되는 것이다.

그러나 인간의 관계는 매우 복잡하다. 하나님과 인간의 관계도 있지만 인간과 인간의 관계도 있는 것이다. 이것들은 모두 매우 중요한 관계이다. 인간은 세상에 홀로 태어나지 않는다. 부모의 몸을 통해서 태어나는 것이다. 부모의 몸을 통해서 태어나는 순간 인간은 부모와 뗄 수 없는 관계로 엮이는 것이다.

뿐만 아니라 형제와 자매의 관계 그리고 부부의 관계 등 인간은 '태어남의 법칙'에 의해 피할 수 없이 엮이는 관계가 있는 것이다. 이 관계의 힘은 인간의 삶과 존재를 흔들 수 있을 만큼 강하고 중요하게 작용된다. 특히 부모와 자식의 관계는 자신의 생명보다 더 중요하게 여겨지기도 한다. 하나님은 이토록 복잡한 관계로 인간들을 묶으신 것이다. 하나님은 왜 인간을 태어나는 방식으로 만드시고 이토록 복잡한 관계로 묶으신 것일까?

하나님의 자녀

왜냐하면, 인간이 하나님의 자녀로서 만들어졌기 때문이다. 자녀라는 것은 '신분'이지만 또한 '관계'이다. '관계'는 '이해'가 아니라 '경험'이다. 자녀라는 관계는 자녀로 태어나거나 자녀를 낳아보지 않고는 알 수 없는 것이다. 하나님은 인간을 낳으셨다. 인간은 하나님의 자녀인 것이다. '자녀'라는 신분은 자신보다 더 소중하고 귀한 것이다. 부모의 사랑을 받지 못하고 또한 자녀를 낳아보지 못한 사람은 그것을 모르는 것이다.

하나님과 인간의 관계가 바로 '부모'와 '자녀'라는 관계로 엮인 것이다. 이 관계는 '이해'로 아는 것이 아니라 '경험'으로 아는 것이다. 하나님이 인간을 태어남의 법칙에 의해서 자녀의 관계, 형제자매의 관계, 부부의 관계 등으로 묶으신 것은 하나님과 우리와의 관계가 가족의 관계임을 알게 하시기 위해서이다.

가족의 관계

인간은 결코 혼자가 아니다. 내가 범죄를 하면 나와 내 가족과 후손이 저주를 받는 것이다. 왜냐하면 나와 내 가족은 관계로 엮여 있기 때문이다. 뿐만 아니라 내가 하나님의 사람으로 거듭나면 나를 통해서 나와 내 가족과 내 자손이 구원을 받고 축복을 받을 수 있는 것이다. 이것이 바로 관계의 법칙인 것이다. 물론 구원과 저주는 개별적인 것이 분명하다.

하지만 내가 가족과 사랑의 관계로 맺어졌는데 내가 하나님의 구원을 선택하면 그 축복은 반드시 가족에게 다가서는 것이다. 내가 죄악과 저주를 선택하면 나를 통해 내 가족과 후손은 저주를 받는 것이다. 이것이 가족의 관계인 것이다.

"한사람이 순종하지 아니함으로 많은 사람이 죄인 된 것 같이 한 사람이 순종하심으로 많은 사람이 의인이 되리라(롬5:19)"

인간의 선택

성경은 아담의 한사람으로 인하여 모든 사람이 죄인이 되었다고 말한다. 왜냐하면, 모든 사람은 아담의 후손으로서 아담과 관계로 엮이기 때문이다. 후손인 우리는 때로는 억울하다는 생각을 하기도 한다. 조상인 아담이 지은 죄의 대가를 후손인 우리가 감당하기 때문이다.

후손으로서 조상의 죄의 대가를 지불해야 하는 것이 억울한 것일 수도 있다. 그러나 우리도 아담과 불과 다르지 않은 선택을 한다는 것을 기억해야 한다. 왜냐하면, 우리도 하나님의 명령을 경홀히 여기기 때문이다. 지금 우리의 삶을 되돌아보아도 우리는 하나님의 말씀을 마음에 세기고 그 말씀을 준행하려고 노력하지 않기 때문이다.

우리는 하나님의 말씀보다 육체의 욕망이 더 크게 우리를 움직이고 있는 것이다. 아담은 죄의 쓴 맛을 경험해보지 못한 자이다. 그러나 우리는 죄악의 고통을 충분히 경험한 자들이다. 그럼에도 불구하고 우리는 여전히 죄를 짓는다. 그래서 우리의 선택은 아담과 크게 다르지 않다는 것이다. 이것이 우리의 모습이다.

하나님의 선택

인간이 하나님을 사랑하지 않음을 하나님은 아셨던 것이다. 하나님은 어쩔 수 없이 한 사람의 죄악으로 모든 사람을 죄인이 되게 하는 관계로 인간을 엮으신 것이다. 그리고 하나님이 인간을 구원하기로 결정하신 것이다. 하나님이 인간을 사랑하기로 결정하신 것이다. 그래서 인간을 위하여 십자가의 고통을 감수하시기로 결정하신 것이다. 인간이 하나님을 사랑한 것이 아니라 하나님이 인간을 사랑하신 것이다. 이것이 예수그리스도의 사랑이다.

인간을 불행하게 만든 이 관계는 곧 인간을 구원하는 도구로서 사용된다. 한 사람의 순종하심으로 많은 사람이 의인이 되기 때문이다. 예수님께서 십자가에서 죽으시는 순종으로 모든 인류를 구원할 수 있는 길을 여신 것이다. 육신으로는 죄인 된 아담의 후손이 되어 멸망을 받을 수밖에 없지만 영으로는 예수님을 통하여 구원받을 수 있는 새로운 영적인 계보가 생긴 것이다.

예수님의 후손이 되는 순간 인간은 의로움과 구원이라는 관계의 축복을 받게 되는 것이다. 인간은 부모와의 관계로 인해 조상의 죄를 이어받으며 태어났다. 죄인으로서 우리는 영원한 멸망의 저주를 받은 것이다. 그러나 예수님과 믿음으로 관계를 맺는 순간 우리는 의롭게 됨과 구원이라는 놀라운 선물을 받게 되는 것이다. 이것이 은혜이다. 이것이 영적으로 하나님과 관계를 맺는 놀라운 축복인 것이다.

우리는 조상의 죄를 탓하기 전에 우리의 모습을 되돌아 봐야 한다. 하나님의 말씀을 경홀히 여기고 죄악 된 욕망을 따라 살기를 즐기는 내 자신을 되돌아 봐야 하는 것이다. 또한 우리는 우리 가족과 자손에게 어떠한 계보를 이어야 할지 생각해야 하는 것이다. 육신에 의한 혈통의 계보는 죄를 이어가는 통로이다. 그러나 예수 그리스도를 통한 새로운 영적 계보는 당신과 당신의 가족을 구원하는 유일한 길이다.

내가 구원을 선택하면 그것은 곧 나와 나의 가족과 자손의 구원과 축복으로 연결되는 것이다. 그러나 내가 하나님을 떠나 죄의 향락을 즐기기로 결정하면 그것은 내 자신의 저주로만 끝나는 것이 아니다. 그 저주가 내 가족과 자손에게로 이어진다는 사실을 잊지 말아야 한다.

우리가 당하는 고통은 나로 시작된 죄의 결과이기도 하지만 내

부모와 조상이 지은 죄의 결과를 이어받은 것이기도 하다. 그래서 우리는 부모가 지은 죄의 결과는 우리의 시대에서 끊어야 하는 의무가 있는 것이다. 우리는 조상의 망령된 행실이 아니라 하나님께 순종의 모습을 보여야 하는 것이다. 우리의 후손에게 저주를 물려줄 것이 아니라 축복을 계승해야 하는 것이다.

인간은 결코 혼자가 아니다. 우리는 매우 복잡한 관계로 묶여 있다. 그로인하여 우리의 선택과 행동은 많은 사람에게 매우 심각한 영향을 미치는 것이다. 그러므로 우리는 하나님에 대한 믿음과 거룩함에 대한 매우 중대한 의무감을 지녀야만 한다. 우리는 하나님의 말씀에 대한 믿음과 순종이 나와 내 주변의 모든 사람을 함께 살릴 수 있다는 것을 잊지 말아야 하는 것이다.

인간은 모두 한 가족이다

사실, 우리 인간은 모두가 하나의 가족의 관계이다. 인간은 모두 아담의 자손으로 모두 한 가족의 관계이다. 단지 우리는 뇌의 기능이 약화되어 촌수가 많아지면 서로를 기억하지 못하는 것뿐이다. 우리 인간은 서로 피를 나눈 한 형제인 것이다. 뿐만 아니라 우리는 언제든 어떠한 형태로든 또다시 서로 새로운 가족이나 친구로 맺어질 수도 있는 것이다.

이렇게 우리의 이웃은 결국 우리의 가족이었던 것이다. 하나님은 나와 내 가족을 사랑하듯 우리의 이웃도 사랑하신다. 예수님이 십자가에서 희생하신 목적은 우리와 우리의 가족을 위해서만이 아니다. 세상의 모든 사람들을 위한 사랑인 것이다. 인간은 천사와 달리 서로를 깊이 사랑해야 하고 보호하고 존중해야 한다. 서로를 위해 깊이 기도해야 하는 것이다. 이것이 바로 하나님이 인간을 태어남의 법칙으로 하나의 가족이 되게 하신 목적이다.

| 28절. 하나님이 그들에게 복을 주시며 하나님이 그들에게 이르시되 생육하고 번성하여 땅에 충만하라, 땅을 정복하라 |

땅에 충만하라

하나님이 만드신 사람들에게 다음과 같이 축복의 말씀을 하신다. "생육하고 번성하여 땅에 충만하라" 그리고 "땅을 정복하라"는 것이다. 이것은 하나님의 인간을 향한 축복임과 동시에 명령이다. 하나님은 사람이 번성하여져서 땅에 충만해지기를 기대하시었다.

하나님은 다섯째 날에도 물에 속한 생물을 향하여 바다에서 번성하고 충만하라고 명령하신다. 그래서 바다는 물고기와 생물들로 충만해지는 것이다. 충만해졌다는 것은 그들의 세상이라는 것이다. 바다는 물고기와 물에 속한 생물들의 세상인 것이다.

여섯째 날 하나님은 인간을 향하여 "생육하고 번성하여 땅에 충만하라."고 말씀하신다. 이것은 땅이 인간의 세상이라는 말씀이다. 하나님은 땅을 인간에게 주신 것이다.

하나님은 인간에게 "땅을 정복하라"는 말씀을 하신다. 하나님은 인간에게 '생육하고 번성하여 땅에 충만하라.'는 말씀과 함께 땅을 정복하라고 말씀하신다. 하나님의 말씀에 의하면 땅은 인간에게 정복되어야 한다. 땅의 주인이 바로 인간이어야 하는 것이다.

인간은 실제로 땅을 정복하였다. 세상의 모든 땅은 인간의 것이 되었다. 세상의 모든 땅은 인간의 통치 영역 안에 포함되었고 인간은 땅의 주인으로서 행세하기 시작하였다. 인간들은 세상의 땅을 그들의 필요에 따라서 여러 가지 형태로 사용하기 시작하였다.

그렇다면 하나님이 말씀하신 "땅을 정복하라"는 것은 지금의 이러한 통치를 의미하는 것일까? 인간의 필요에 따라서 국가를 세우고 건물을 세우고 통치하는 것을 말하는가? 그렇지 않다. 하나님이 "땅을 정복하라"고 하신 말씀은 하나님의 자녀로서 땅을 정복하라는 것이다.

이것은 하나님의 질서로 땅을 회복하라는 뜻이다. 온전한 하나님의 질서로 땅을 통치하라는 것이다. 하나님의 온전한 질서로 통치를 받는 유일한 땅은 에덴동산이다. 하나님은 온 세상을 에덴동산처럼 온전한 하나님의 질서로 다스리기를 원하셨던 것이다. 그 역할을 인간이 하시길 원하셨던 것이다. 그래서 땅을 정복하라고 말씀하시는 것이다.

운영의 시대

하나님의 천지창조는 끝났다. 천지창조 완성의 정점은 장소로서는 에덴동산이고 존재로서는 인간이다. 에덴동산과 인간은 천지창조의 목적이었다. 에덴동산과 인간이 만들어지면서 하나님의 천지창조는 끝이 났다. 이제는 운영의 시대가 시작된 것이다.

운영의 목표는 무엇인가? 하나님이 정하신 운영의 목표는 인간이 땅을 정복하는 것이다. 그리고 다스리는 것이다. 운영은 인간의 역할로 주어졌다. 하나님은 인간이 세상의 정복과 다스림을 통하여 하나님의 질서를 온전히 세우시기 원하셨다. 이것이 바로 인간이 해야 할 역할이다.

하나님은 인간에게 에덴동산이라는 표준을 보여주셨다. 에덴동산에서 하나님이 인간을 통치하듯 세상에서 인간은 동물을 통치하는 것이다. 하나님의 질서로 동물을 지배해 나가는 것이다. 이 일은 인간의 순종과 하나님의 함께하심으로 이루어진다. 이것이 바로 땅을 정복하는 것이다.

| 28절. …바다의 물고기와 하늘의 새와 땅에 움직이는 모든 생물을 다스리라 하시니라 |

질서로 다스리다

하나님은 인간에게 바다의 물고기와 하늘의 새와 땅에 움직이는 모든 생물을 다스리라고 말씀하신다. 하나님은 모든 생물을 다스리는 역할을 인간에게 부여하신 것이다. 하나님의 말씀에 따라서 모든 생물들은 인간에 의해 통치를 받아야 한다. 아담이 동물들을 통치한 적이 있었다. 바로 에덴동산에서 동물들의 이름을 짓던 일이다.

하나님이 동물들을 이끌어 아담에게 데려오시고 아담은 그들의 이름을 지었다. 이것이 바로 모든 생물을 하나님의 질서로 다스리는 행위이다. 아담이 동물들의 이름을 지었던 일은, 인간이 하나님과 함께한 유일한 공동 작업이었다. 하나님은 이와 같은 방식으로 인간이 동물들을 통치해 나가길 원하셨다. 인간에 의하여 동물들의 세계에 하나님의 질서가 세워지기를 원하셨다.

인간의 목적

인간은 생육하고 번성하여 땅에 충만해야 한다. 그리고 땅을 정복해야 한다. 그래서 인간은 바다의 물고기와 하늘의 새와 땅에 움직이는 모든 생물을 다스려야 하는 것이다. 이것이 바로 하나님이 인간을 만드신 궁극적인 목적이다.

인간은 이를 위해서 먼저 에덴동산을 지켜내야 하는 것이다. 또한 자기 자신도 타락의 유혹으로부터 지켜 내야 하는 것이다. 에덴동산에서 뱀이 하와를 유혹할 때에도 하와는 뱀에게 하나님의 말씀과 질서의 잣대를 들이대어야만 했다. 이것이 바로 짐승을 통치하는 자세이다. 그러나 인간은 짐승을 통치하지 못했다. 사악한 짐승의 유혹에 의해서 오히려 통치를 당하게 된 것이다.

인간은 에덴동산에서 짐승들이 사는 세상으로 쫓겨나게 된다. 우리가 사는 세상은 인간을 위해 만들어진 세상이 아니다. 짐승들을 위하여 만들어진 세상이다. 인간이 살기 위해 만들어진 세상은 에덴동산인 것이다. 우리는 에덴동산에서 쫓겨나와 짐승들이 사는 이곳으로 오게 되었다. 인간은 짐승들처럼 그들의 생태계에 포함되었다. 그래서 짐승들을 잡아먹는 짐승과 같은 삶을 살게 된 것이다.

| 하나님의 뜻 |

하나님은 인간이 하나님과 함께 세상을 정복해 나가기를 원하셨다. 하나님의 말씀에 순종하는 인간들이 하나님의 질서로 세상을 통치하는 순간을 하나님은 기대하셨던 것이다.

하나님의 질서로 세상을 정복하는 것은 영적으로 매우 중요한 의미를 지니고 있다. 그것은 바로 세상의 어둠에 숨어있는 악한 영들에 대한 승리를 의미하는 것이다. 그들은 어둠에 숨어서 하나님이 만드신 피조물들을 유혹하고 범죄를 하게한다. 하나님의 질서를 파괴하도록 하는 것이다. 이것이 그들의 목적인 것이다. 이들이 바로 사탄이다.

하나님의 뜻은 사탄을 이 땅에서 몰아내는 것이다. 하나님은 이 땅의 주인인 인간에 의해서 사탄이 내어쫓김을 당하기 원하셨다. 사탄은 하나님의 나라에서 내어 쫓긴 자들이다. 하나님의 나라에서 내어 쫓긴 것처럼 이 땅에서도 내어쫓김을 당하기 원하셨다.

하나님의 이 뜻을 예수님은 주기도문을 통하여 우리에게 가르치신다.

'뜻이 하늘에서 이루어진 것 같이 땅에서도 이루어지이다(마6:10)'

하나님은 천국에서의 악에 대한 승리가 이 땅에서도 이루어지기를 원하셨다. 바로 인간에 의하여 이 땅에서 사탄을 물리치시길 원하셨다. 세상의 어둠에 숨어서 하나님의 질서를 무너뜨려가는 사탄을 인간들이 순종함으로써 그들을 내어 쫓기를 원하셨던 것이다.

그러나 인간들은 하나님의 편에 서지 않았다. 오히려 사탄의 유혹에 넘어간 것이다. 우리 인간들은 하나님과 함께 이 땅에서 하나님의 질서를 온전하게 세웠어야 하는 것이다. 그때 비로소 사탄은 이 세상에 있을 수 있는 낭위성을 잃게 되는 것이다. 그들은 영원한 음부로 쫓겨날 수밖에 없는 것이다. 왜냐하면 세상의 주인인 인간이 하나님의 사람으로서 하나님의 질서로 세상을 정복했기 때문이다.

이것이 영적 승리이다. 또한 하나님이 인간에게 원하셨던 궁극적인 목적이다. 그때 비로소 명백하게 사탄은 인간과 구분되는 것이다. 하나님께 순종하는 인간과 불순종하는 사탄은 마치 빛과 어둠이 구별되듯 명확하게 구분되는 것이다. 그때에 비로소 사탄은 심판과 영원한 멸망을 받게 된다.

인간은 이 세상을 하나님의 질서로 정복해야 했다 그래서 세상으로부터 사탄을 몰아내야 할 의무가 인간에게 있었던 것이다. 그러나 오히려 인간이 하나님의 동산인 에덴으로부터 쫓겨나는 신세가 되었다. 인간이 에덴동산에서 쫓겨났다는 것은 인간이 완전하게 공의로운 하나님의 통치와 보호를 받을 수 없게 되었다는 의미이기도 하다. 인간은 하나님 없이 스스로의 힘으로 짐승이 사는 세상에서 살아가게 된 것이다.

인간이 에덴동산에서 쫓겨났을지라도 우리에게는 여전히 하나님의 명령이 남아있다. 우리는 하나님의 질서로 이 땅을 회복해야 한다. 그러나 우리 인간은 범죄로 몸과 마음에 질병과 상처를 안고 사는 자가 되었다. 그래서 우리는 우리 자신의 병든 몸과 마음의 치유가 선행되어야만 한다. 우리가 사는 세상은 에덴동산처럼 하나님의 완전한 보호와 도움을 받을 수 없는 곳이다. 우리는 이곳에서 믿음을 지켜야 한다. 우리 안에 하나님의 공의로운 질서를 회복시켜야 하는 것이다. 그리고 우리 가정과 세상을 향하여 하나님의 질서가 회복되도록 우리는 노력해야 한다.

10편

사람과 동물에게 먹을 것을 정하시다 <여섯째 날>

29. 하나님이 이르시되 내가 온 지면의 씨 맺는 모든 채소와 씨 가진
열매 맺는 모든 나무를 너희에게 주노니 너희의 먹을거리가 되리라.
30. 또 땅의 모든 짐승과 하늘의 모든 새와 생명이 있어 땅에 기는
모든 것에게는 내가 푸른 풀을 먹을거리로
주노라 하시니 그대로 되니라.
31. 하나님이 지으신 그 모든 것을 보시니 보시기에 심히 좋았더라.
저녁이 되고 아침이 되니 이는 여섯째 날이니라.

| 29절. 하나님이 이르시되 내가 온 지면의 씨 맺는 모든 채소와 씨 가진 열매 맺는 모든 나무를 너희에게 주노니 너희의 먹을거리가 되리라 |

먹을거리

하나님이 말씀하신다. "내가 온 지면의 씨 맺는 모든 채소와 씨 가진 열매 맺는 모든 나무를 너희에게 주노니 너희의 먹을거리가 되리라" 하나님은 인간을 위한 먹을거리로 '씨 맺는 모든 채소'와 '씨 가진 열매 맺는 모든 나무'를 허락하셨다. 하나님의 말씀에 의해서 인간은 채소와 과일을 먹어야 하는 것이다.

태초의 인간인 아담과 하와는 에덴동산에 살면서 그곳에 있는 과일과 채소를 먹었다. 사람이 과일과 채소를 먹는 것이 좋을 수도 있지만 우리 관점에서는 그다지 행복하지 않게 느껴질 수도 있다. 맛있는 고기를 먹지 못하는 것이 오히려 불행하다고 느낄 수도 있기 때문이다.

인류의 문명은 먹을 것에 대한 대단한 발전을 이룩해 왔다. 매우 다양하고 많은 종류의 음식과 더 맛있는 음식들이 개발되었다. 어쩌면 지금 관점에서 볼 때, 우리 인간이 에덴동산에서 채소와 과일을 먹는 것보다 오히려 지금의 세상에 있는 다양하고 맛있는 음식을 먹는 것이 더 좋다고 생각할 수 있다.

사실 우리의 세상은 객관적으로 볼 때 에덴동산보다 더 편하고, 더 재미있고, 더 맛있는 것들이 많은 세상일지도 모른다. 그래서 우리 인간은 에덴동산을 추구하지 않는 것이다. 객관적으로 생각해보면 지금 우리가 사는 세상이 에덴동산보다 더 살기 좋은 곳이라고 생각할 수 있기 때문이다.

행복의 조건

인간의 행복은 더 좋은 음식과 더 편한 환경과 더 많은 즐거운 것들과 직접적인 관계가 있는 것은 사실이다. 하지만 이것들만으로는 우리가 결코 행복하지 않다는 것도 사실이다. 인간이 행복해지는 조건으로 이것들만은 분명하게 한계가 있음을 깨닫는다. 왜냐하면 우리 인간은 병이 들었기 때문이다. 인간은 선악과의 범죄로 수치심과 두려움이라는 역기능적인 감정이 생겼기 때문이다.

"이에 그들의 눈이 밝아 자기들의 몸이 벗은 줄을 알고 무화과나무 잎을 엮어 치마를 하였더라(창3:7)"

아담과 하와는 선악과를 먹은 후 새로운 감정을 경험한다. 바로 수치심과 두려움의 감정이다. 선악과를 먹은 그들은 수치심에 의해 자신의 몸을 무화과나무 잎으로 가린다. 그리고 그들은 두려움으로 인하여 하나님의 낯을 피해 나무 사이에 숨는 것이다. 이것이 바로 선악과를 먹음으로서 생겨난 새로운 감정체계이다.

감정체계

인간의 감정을 단순하게 '희로애락'으로 구분한다면 태초에 하나님이 인간에게 주신 감정은 희락이다. 기쁨과 즐거움의 감정을 주시었다. 태초의 인간에게는 수치심이 없었다. 그로인한 두려움의 감정도 없었다. 그러나 선악과를 먹은 후 인간은 수치심과 두려움의 감정을 경험한다. 이것은 인간의 슬픔과 분노를 지배하는 감정 체계이다. 선악과는 인간에게 역기능적인 감정 체계를 만들었다.

수치심과 두려움의 감정을 지닌 인간은 더 이상 에덴동산에서 살 수 없게 되었다. 왜냐하면 하나님이 그들의 수치심과 두려움의 대상이 되기 때문이다. 선악과를 먹은 인간은 에덴동산에서 살 수 있는 구조가 아닌 것이다. 빛과 어둠이 교차하는 세상에서 살 수 밖에 없는 구조로 바뀐 것이다. 인간의 희로애락의 감정은 세상에서 살 수 있는 적절한 감정 체계일지는 모른다. 하지만 에덴동산을 기준으로 볼 때 이것은 병든 감정 체계이다.

인간은 선악과로 인하여 전혀 어울리지 않는 상반된 감정 체계를 한 몸에 지니고 살게 되었다. 행복한 것 같으면서도 불행하고, 불행한 것 같으면서도 행복한 것이다. 기쁜 것 같으면서도 슬프고, 슬픈 것 같으면서도 기쁜 것이 우리의 인생인 것이다. 그래서 인간의 삶은 난해하고 복잡하고 어려운 것이다.

인간이 불행한 것은 더 맛있는 음식을 못 먹어서가 아니다. 더 편한 곳을 찾지 못해서가 아니다. 더 즐거운 것을 경험하지 못해서가 아니다. 인간이 불행한 것은 우리의 감정이 죄로 인하여 병들었기 때문이다. 우리는 병들고 아픈 감정을 먹는 것과 즐기는 것의 쾌락으로 보상받기를 원한다. 그러나 쾌락은 우리의 병든 감정을 다 보상해 주지 않는 것이다.

에덴동산의 아담과 하와는 열매와 채소만을 먹음으로도 넉넉히 행복하고 즐거웠다. 이것은 마치 엄마의 젖을 먹는 아기와 유사하다. 엄마의 젖은 맛이 없다. 그러나 아기에게는 엄마의 젖으로도 충분히 맛있고 충분히 행복하다. 아기에게는 다른 것이 필요 없다. 엄마의 품과 엄마의 젖이면 충분히 만족스러운 것이다.

우리에게 남은 소망

인생의 행복은 즐거움과 쾌락이 필수 조건은 아니다. 오히려 쾌락보다는 정서적인 안정감이 먼저이다. 그러나 죄인이 된 인간은 하나님을 떠나서 온전한 안정감을 얻을 수 없는 것이다. 수치심과 두려움에 지친 인간의 공허한 감정은 세상의 어떠한 즐거움도 그의 만족을 채울 수 없게 되었다. 인간은 이미 감정에 깊은 병이 들었다. 그래서 인간의 만족감은 밑이 빠진 독과 같이 되었다. 그래서 아무리 즐거움과 기쁨의 조건들을 부어도 우리의 만족감은 채워지지 않는 것이다.

그래서 우리 인생은 허망한 것이다. 우리가 추구하는 목적은 결국 우리를 실망시키는 것이다. 우리는 이렇게 답이 없는 힘들고 어려운 세상을 살고 있다. 그래서 우리는 지친 것이다.

그러나 우리에게는 아직 소망이 남아 있다. 그것은 바로 하나님이다. 하나님이 아직 우리를 포기하지 않았기 때문이다. 하나님은 여전히 우리에게 기회를 주고 있다. 우리는 이것을 깨달아야 한다. 하나님을 붙잡는 것에서부터 우리는 다시 새로운 시작을 할 수 있다.

쓰러진 우리를 다시 일으킬 수 있는 힘은 바로 사랑이다. 영원하고 완전한 예수그리스도의 사랑이 우리를 다시 일으킨다. 우리는 이 보물을 나와 나의 가족의 것으로 만들고 지켜내야 한다. 이것이 바로 믿음이다. 이것이 바로 우리의 소망이다.

| 30절. 또 땅의 모든 짐승과 하늘의 모든 새와 생명이 있어 땅에 기는 모든 것에게는 내가 푸른 풀을 먹을거리로 주노라 하시니 그대로 되니라 |

풀을 먹으라

땅과 하늘에 속한 모든 동물은 초식동물이었다. 창세기 1장 30절에 의하면 태초에 하나님이 만드신 땅의 모든 짐승은 푸른 풀을 먹는 초식동물이었다. 그리고 하늘을 나는 새도 모두 풀을 먹었다. 뿐만 아니라 땅에 기는 모든 동물들도 푸른 풀을 먹었던 것이다.

땅과 하늘에 사는 모든 생물은 풀을 먹는 순한 동물이었다. 태초에는 땅 위에 다른 동물을 잡아먹는 생물이 없었다. 그들은 들이나 숲이나 어느 곳을 갈지라도 두려워할 이유가 없었다. 서로가 서로를 해치지 않았기 때문이다. 지금의 동물들처럼 두려움에 떨지 않았다. 그들은 달아나거나 숨거나 피하지 않았던 것이다. 그들은 비록 짐승일지라도 안전과 풍요로움의 축복을 누렸다.

태초의 세상에는 풀과 채소와 과일이 풍부하였다. 동물들은 두려워하여 도망가는 일도 없고 사람과 함께 어울렸던 것이다. 하나님이 인간에게 '모든 생물을 다스리라'는 명령은 이 놀라운 축복을 마음껏 누리라는 말씀이다.

땅을 정복하기 위해 자연을 파괴할 필요도 없다. 몸을 보호하기 위하여 성을 쌓을 필요도 없다. 뿐만 아니라 음식을 위하여 동물을 죽이거나 잡아먹을 필요도 없는 것이다. 이것이 바로 범죄를 하기 이전의 세상의 모습이다.

| 31절. 하나님이 지으신 그 모든 것을 보시니 보시기에 심히 좋았더라 저녁이 되고 아침이 되니 이는 여섯째 날이니라 |

천지창조가 끝나다

하나님은 그가 만드신 모든 것을 보시고 심히 좋았다고 말씀하신다. 하나님의 천지창조는 우주에서 지구로 지구에서 에덴동산으로 이어졌다. 그리고 에덴동산에 인간을 창조하면서 모든 창조는 완성되었다. 천지창조의 클라이맥스는 에덴동산과 인간이었다. 하나님의 천지창조는 에덴동산에 있는 인간에게 질서를 부여하면서 끝난 것이다.

천지창조가 끝났다는 것은, 더 이상 세상에서 창조에 대한 하나님의 역할이 없다는 것이다. 하나님은 더 이상 세상에서 창조를 하지 않는다. 이제는 하나님이 만드신 만물이 하나님이 정하신 질서에 따라서 운행되기만 하면 되기 때문이다. 이제부터 세상은 창조가 아니라 운영이다. 하나님의 질서에 따라서 운영되는 것이다. 바로 이 운영을 지키고 관리하며 유지시켜야 하는 역할이 인간에게 주어졌다. 이것이 바로 인간이 세상에 만들어진 목적이다.

여섯째 날 밤이 오다

6일간 하나님의 천지창조가 모두 끝났다. 그러자, 여섯째 날의 저녁 시간이 다가왔다. 하나님이 세상을 떠나 하나님의 나라로 되돌아갈 시간이 다가온 것이다. 하나님이 떠나시면 세상은 곧 영적인 밤을 맞이하게 된다.

지금까지 세상은 영적인 밤을 여럿 지났다. 그러나 이제 다가올 여섯째 날의 밤은 다른 창조의 날의 밤과 그 성격이 다르다. 왜냐하면, 세상에 인간이 나타났기 때문이다. 인간은 세상에서 하나님이 없는 영적인 밤을 지내야 하기 때문이다. 이것이 여섯째 날의 밤이다.

여섯째 날의 밤을 맞이해야 할 사람은 누구인가? 그들은 바로 최초의 사람인 아담과 하와이다. 창세기 1장에서 여섯째 날 만든 사람은 바로 창세기 2장의 아담과 하와이다. 창세기 2장은 아담과 육지의 동물과 하와가 만들어지는 장면이다. 우리는 창세기 2장이 여섯째 날의 장면이라는 것을 알 수 있다. 육지의 동물과 남자와 여자가 창조된 것은 여섯째 날의 일이기 때문이다. 창세기 2장은 여섯째 날에 있었던 일을 아담의 눈으로 표현한 것이다.

아담과 하와는 에덴동산에서 하나님이 없는 영적인 밤을 맞이해야 한다. 그래서 하나님은 아담과 하와에게 그들이 해야 할 일을 명령하신다. 그들의 임무는 에덴동산을 다스리며 지키는 것과 선악과를 먹지 않는 것이다. 사탄의 침입으로부터 에덴동산을 지켜야 하고 하나님의 질서에 도전하는 뱀을 다스려야 하며 선악과를 먹고 싶은 유혹을 이겨내야 하는 것이다. 이것이 모두 여섯째 날 밤에 그들에게 닥친 시험이다.

| 천지창조를 분석하다 |

- 천지창조 구분 -

하나님의 천지창조는 두 가지 형태로 구분할 수 있다. 그것은 '유형의 창조'와 '무형의 창조'이다.

유형의 창조는 형태가 있는 창조이다. 유형의 창조에는 '영역'과 '만물'이 있다. 무형의 창조는 형태가 없는 창조이다. 무형의 창조에는 '질서'가 해당된다. 여기서 '질서'란 하나님이 창조와 함께 명령하신 모든 말씀들이다.

따라서 무형의 창조인 질서도 두 가지로 구분된다. 바로 '영역의 질서'와 '만물의 질서'이다. 하나님이 영역을 창조하실 때 영역을 향하여 명령하신 말씀들이 있다. 또한 만물을 창조하실 때에도 만물들을 향하여 명령하신 말씀들이 있다. 이것들을 모두 질서라고 정의하였다.

- 천지창조 법칙 -

하나님의 창조에는 일정한 법칙이 있었다. 유형과 무형의 창조를 번갈아가며 진행하신다. 즉 영역을 만드신 후 영역에 질서를 부여한다. 그리고 만물을 만드신 후 만물에 질서를 부여한다. 이것이 하나님의 창조법칙이었다.

이것을 도표로 정리하면 다음과 같다.

	유형의 창조	무형의 창조(질서)
영역	① **시간, 공간, 지구를 만들다** (창1:1) ⇨ **어둠에 빛을 만들다** (창1:2~3)	② **어둠 : 빛으로 어둠을 구별하다** (창1:4) **공간 : 물로 공간을 나누다** (창1:7) **지구 : 물로 바다, 육지를 나누다** (창1:9) **시간: 광명체로 일자, 연한을 이루다** (창1:14) ⇙
만물	③ **식물을 만들다** (창1:11~13) ⇨ **광명체를 만들다** (1:14) **어류와 조류를 만들다** (창1:20~23) **육지 동물을 만들다** (창1:24~25) **사람을 만들다** (창1:26~27)	④ **광명체에게 질서 부여** (창1:14) · 낮과 밤 /징조, 계절, 날, 해 /비추라 **사람에게 질서 부여** (창1:28~29) · 번성, 정복, 통치, 채소 먹어라 **동물에게 질서 부여** (창1:30~31) · 번성하라 / 풀을 먹어라

하나님의 창조는 다음과 같은 순서로 진행되었다.

①영역의 창조(창1:1~2) → ②영역에 질서 부여(창

1:3~10) → ③만물의 창조(창1:11~27) → ④만물에 질서 부여(창1:28~31)

- ① 영역의 창조 -

하나님의 창조는 영역의 창조로부터 시작된다. 태초에 하나님이 천지를 창조했다. 이것은 시간과 함께 공간과 지구를 만들었다는 뜻이다. 시간과 공간과 지구는 영역이다.

시간은 세월이라는 흐르는 영역이다. 공간은 장소라는 고정된 영역이다. 지구는 지구에 속한 피조물의 영역이다. 영역은 존재를 위해서 만들어졌다. 존재가 없는 영역은 무의미하다.

- ② 영역에 질서를 만들다 -

태초의 영역은 시간과 공간과 지구이다. 하나님은 시간과 공간과 지구에 질서를 만드신다. 광명체로 시간의 질서를 만드신다. 광명체들의 정교한 움직임으로 일사와 연한을 이루게 하였다.

공간과 지구는 물로써 질서를 만드신다. 궁창 위의 물로 우주의 하늘과 지구의 하늘을 나눈다. 땅 위의 물로는 바다와 육지를 나눈다. 물로써 공간을 나누고 땅과 바다를 구분하였다.

공간과 지구에 질서가 부여되자 공간과 지구는 피조물이 존재할 수 있는 영역으로 변화되었다. 하나님은 어두웠던 공간에 빛을 만드신다. 빛을 만들어서 낮과 밤의 경계를 정하신다.

빛은 어둠을 나누었고, 물은 공간을 나누었다. 빛과 물은 영역을 나누는 기준이다. 빛과 물은 세상의 영역을 향한 하나님의 질서요 율법이다. 빛은 영적인 기준이지만, 물은 육적인 기준이다.

빛은 영적인 의미로서 빛에 속한 존재와 어둠에 속한 존재를 구분하는 기준이다. 그러나 물은 육적인 의미로서 땅과 바다와 하늘에 속한 존재를 구분하는 기준이다.

이 세상에는 육적인 의미로서 땅과 바다와 하늘에 속한 존재가 있지만 또한 영적인 의미로서 빛에 속한 존재와 어둠에 속한 존재가 있는 것이다.

- ③ 만물을 창조하다 -

하나님은 물로써 우주의 하늘과 지구의 하늘, 땅과 바다를 나누신다. 그리고 그곳에 만물을 만드신다.

땅 위에 식물을 만들고(셋째 날), 우주의 하늘에 광명체를 만들었다(넷째 날). 그리고 바다에 어류와, 땅의 하늘에 조류를 만들고(다섯째 날), 마지막으로 동물과 사람을 만드신다(여섯째 날).

하나님이 창조하시는 만물은 지구에 속한 것과 우주에 속한 것으로 구분된다. 우주에 속한 만물은 광명체이다. 그러나 지구에 속한 만물에는 생명을 지닌 존재들이 있다. 그들은 식물과 동물과 사람이다.

하나님은 우주의 많은 별들보다 지구를 더 소중하게 창조하였다. 왜냐하면 지구에는 생명체들이 나타나기 때문이다. 특히 하나님의 형상을 닮은 사람이 만들어지기 때문이다.

- ④ 만물에 질서를 창조하다 -

만물을 창조하신 하나님은 그들에게 역할과 질서를 부여한다.

첫 번째로, 우주공간의 광명체들에게 역할을 부여하시었다. 그들에게는 낮과 밤을 나누고 징조와 계절과 날과 해를 이루도록 하셨다(창1:15). 이것은 광명체가 부여받은 역할이며 또한 천체의 질서이다.

두 번째로, 사람에게 역할을 부여하신다. 사람에게는 번성하여 땅에 충만하라고 말씀하신다. 땅을 정복하고 동물을 다스리라고 말씀하신다. 이것은 하나님이 인간에게 부여하신 역할이다.

그리고 인간에게는 채소와 열매를 먹으라는 말씀을 하신

다. 인간에게 무엇을 먹어야 하는지 범위를 정하여 주신 것이다(창1:28~29).

세 번째로, 하나님은 동물에게도 질서를 부여하신다. 땅의 짐승과 새들에게는 푸른 풀을 먹으라고 말씀하신다(창1:30). 하나님이 정하신 이 질서들은 곧 만물들의 질서이고 지구상의 생명체들이 살아가는 방식이었다.

11편 : 하나님이 안식하시다 〈 일곱째 날 〉

12편 : 사람을 만들어 에덴동산에 두시다

13편 : 에덴동산으로부터 흐르는 네 개의 강

14편 : 아담이 에덴동산에서 지켜야 할 것들

15편 : 하나님과 아담과 하와의 만남

창세기 2장

창세기 2장을 시작하면서……

<인간과 하나님의 첫 만남>

창세기 2장은 인간이 만들어지고 그가 하나님을 처음으로 대면하는 장면이 나온다. 그리고 에덴동산이 만들어지고 그곳에서 이들의 관계가 시작된다. 에덴동산에서 하나님과 인간이 동행을 시작한 것이다. 하나님과 아담은 마치 아버지와 아들처럼 대화하고 행동한다. 이것은 지금 우리가 사는 세상에서 찾아 볼 수 없는 매우 이례적인 모습이다. 이것이 가능한 이유는 인간과 하나님 사이에 죄가 개입되지 않았기 때문이다. 그래서 우리는 창세기 2장에서 죄가 들어오기 이전에 하나님과 인간의 가장 원초적이면서도 본질적인 관계를 적나라하게 살펴 볼 수 있는 것이다.

또한 우리는 창세기 2장의 하나님이 창세기 1장에서 나타난 하나님과는 너무도 다른 모습을 발견하게 된다. 창세기 1장의 하나님은 만물을 창조한 주인으로서 전지전능함의 그 자체였다. 그러나 창세기 2장의 하나님은 그렇지 않다. 창세기 2장에서의 하나님은 만물의 창조주라기보다는 아담의 주변인처럼 행동하신다. 아담을 위해 에덴동산을 만들고, 그를 위해 동물을 만들어서 그에게 이끌어 오기도하고 또한 그가 이름을 짓는 것을 지켜보기도 한다. 하나님이 창조주라기보다는 아담을 사랑하는 보호자라고 표현하는 것이 더 적절해 보인다.

이와 같이 달라진 하나님의 모습은 오히려 우리를 더 혼란스럽게 한다. 왜냐하면 하나님이 전지전능한 능력을 상실해가는 것처럼 보이기 때문이다. 특히 창세기 3장에서 나타난 하나님의 모습은 무기력하고 무책임하게조차 느껴진다. 뱀으로 가장한 사탄이 에덴동산을 침범할 때에도, 뱀이 하와를 유혹할 때에도, 아담과 하와가 선악과를 먹는 순간에도 하나님은 나타나지 않았던 것이다. 하나님은 아담과 하와를 사랑하는 것처럼 행동하셨지만, 결정적인 순간에는 그들을 방임하셨던 것이다. 그래서 우리는 혼란에 빠지게 된다. 하나님의 전지전능함에 의심이 생기는 것이다. 또한 하나님이 진정으로 인간을 사랑하는가도 의심이 생긴다.

아주 오랜 세월이 흘러 지금 우리가 사는 시대가 되었지만, 이 세상에서도 하나님은 그분의 공의롭고 전능하신 창조의 능력을 보이지 않으신다. 그래서 우리 인간들은 매우 혼란스러운 것이다. 그래서 우리는 생각하게 된다.

‘전지전능한 하나님이 있다면, 세상을 이렇게 만들지 않았을 것이다.’

‘그 하나님이 인간을 사랑했다면, 우리를 이렇게 방치하지 않았을 것이다.’

‘아마도 하나님은 없는가 보다.’

‘그저 우리는 어쩌다 우연히 만들어진 미물의 하나인가 보다.’

11편

하나님이 안식하시다

〈일곱째 날〉

1. 천지의 만물이 다 이루어지니라.
2. 하나님이 그가 하시던 일을 일곱째 날에 마치시니 그가 하시던 모든 일을 그치고 일곱째 날에 안식하시니라.
3. 하나님이 그 일곱째 날을 복되게 하사 거룩하게 하셨으니 이는 하나님이 그 창조하시며 만드시던 모든 일을 마치시고 그 날에 안식하셨음이니라.

| 1절. 천지의 만물이 다 이루어지니라 |

만물이 다 이루다

지금까지 우리는 창세기 1장을 통해서 천지의 만물이 창조되는 모든 과정을 살펴보았다. 창세기 1장의 창조 과정은 시간과 공간의 창조로부터 시작하여 지구 만물의 창조로까지 연결되었다.

마지막 날 동물과 인간이 만들어지고 질서가 부여된 후에 모든 창조는 끝난 것이다. 이 모든 창조는 하나님이 정하신 하나님의 날 6일 동안에 이루어졌다. 그래서 6일을 '창조의 날'이라고 말할 수 있다. 창세기 2장 1절은 바로 이 창조의 날이 끝났다는 것을 말하고 있다.

운영의 시대

천지의 만물이 다 이루어졌다는 것은 이제 더 이상 하나님이 천지 만물을 창조하지 않는다는 뜻이다. 하나님의 창조에 대한 역할은 이제 더 이상 없다. 이제 하나님은 없는 피조물을 새로 창조하는 일을 하지 않으신다. 이제는 있는 피조물을 운영하는 시대가 된 것이다. 하나님이 만드신 피조물은 하나님이 정해주신 질서에 의해 운영되는 것이다. 이것이 바로 창조 이후의 시대이다.

| 창세기 1장과 2장의 차이 |

창세기 2장은 하나님의 천지창조를 간략하게 다시 소개하면서 시작된다. 그런데 우리는 창세기 1장에서 2장으로 넘어가는 순간 갑자기 혼란에 빠져들게 된다. 왜냐하면 2장에서 소개하는 천지창조 내용이 1장에서 소개한 천지창조 내용과 확연히 다르기 때문이다.

창세기 1장에서는 사람이 창조되기 전에 식물이 이미 창조되었다고 말한다. 그러나 창세기 2장에서는 하나님이 아담을 지을 때 '들에는 초목이 아직 없었고 밭에는 채소가 나지 않았으며 안개만 땅에서 올라와 온 지면을 적셨다'라고 표현한다. 이것은 하나님이 아담을 지으실 때는 들에 초목도 밭에 채소도 나지 않았다는 뜻이다.

뿐만 아니라 창세기 2장의 창조는 창세기 1장에서 소개된 체계적이며 광대한 창조 내용이 전혀 담겨있지 않다. 그리고 내용도 지나치게 축약되어 보인다. 그래서 우리는 창세기 1장과 2장의 사이에서 갈등을 하게 된다. 1장에 소개된 천지창조의 순서와 내용에 대하여 혼돈이 생기기 시작한다.

그렇다면 왜 창세기 1장과 2장의 천지창조 내용이 왜 다른 것인가? 그 이유는 창세기 1장을 소개한 주체와 창세기 2장을 소개한 주체가 다르기 때문이다. 소개한 주체가 달라서 생겨난 시각과 관점의 차이이다. 그 자세한 내용은 다음과 같다.

창세기는 조상으로부터 전해 내려오는 이야기를 그 후손이 기록으로 남긴 글이다. 창세기 중에서 1장과 2장은 천지창조의 이야기가 담겨있다. 그렇다면 1장과 2장의 천지창조 이야기를 누가 처음 이야기했는지 생각해봐야 한다.

우리는 그가 바로 아담인 것을 알 수 있다. 아담은 창조를 직접 또는 간접으로 경험한 유일한 사람이다. 그는 태어나지 않고 하나님에 의해서 만들어진 자이다. 그는 하나님이 에덴동산과 동물을 창조하는 모습을 직접 보았던 자이다. 또한 그는 하나님을 직접 대면하고 대화했던 유일한 사람이기도 하다.

때문에 천지창조를 소개한 창세기 1장과 2장의 이야기는 아담의 입에서 시작될 수밖에 없는 것이다. 그렇다면 아담은 왜 창세기 1장의 내용과 창세기 2장의 내용을 왜 서로 다르게 말한 것일까? 그 이유는 다음과 같다.

창세기 1장과 2장은 만물의 시작을 소개한 글이다. 특히 1장은 태초의 천지창조로부터 빛과 우주 공간의 수많은 별들의 창조 등 결코 인간이 경험할 수 없는 내용들로 채워져 있다. 이처럼 창세기 1장은 아담이 결코 경험할 수 없는 내용이다. 이것은 오직 하나님만이 경험할 수 있는 창조의 이야기이다.

그러나 창세기 2장은 그렇지 않다. 창세기 2장은 아담이 경험한 내용을 기록한 것이다. 왜냐하면 창세기 2장은 에덴동산을 중심으로 내용이 전개되기 때문이다. 창세기 2장은 아담이 만들어질 때의 주변 상황을 묘사하는 것으로부터 시작된다. 그리고 그가 에덴동산에 들어가는 과정과 에덴동산의 모습이 생생하게 소개되고 있다. 이것은 아담의 눈으로 보고 느낀 것을 기록한 내용이다.

따라서 창세기 1장은 하나님이 아담에게 말씀해주신 하나님의 천지창조 이야기이지만, 창세기 2장은 아담이 스스로 경험한 창조 이야기인 것이다. 다시 말하면 창세기 1장의 천지창조 내용은 아담이 하나님으로부터 들었던 이야기를 후손에게 그대로 전달한 것이다. 그러나 창세기 2장에 나온 내용들은 아담이 직접 보고 경험한 이야기를 전달하는 것이다. 그래서 창세기 1장과 2장은 그 규모와 범위와 시각이 다른 것이다.

하나님은 사람을 여섯째 날 처음 만드신다. 그때 만들어진 사람이 아담이다. 아담은 창조의 날 중 마지막 날인 여섯째 날에 만들어졌다. 따라서 그는 하나님의 창조를 제한적으로 경험했다. 그런 내용이 담긴 것이 창세기 2장이다. 그가 말하는 창조의 날은 여섯째 날의 일부분인 것이다. 그가 묘사하는 창세기 2장은 그가 경험한 지역인 에덴동산을 중심으로 전개된 내용이다.

창세기 2장 5절과 6절에서는 아담을 만들기 직전의 모습이 나온다. 그 모습은 '들에는 초목이 아직 없었고 밭에는 채소가 나지 않았으며 안개만 땅에서 올라와 온 지면을 적셨다'라고 말한다. 이것은 지구 전체의 모습을 묘사한 것이 아니다. 아담이 만들어질 때의 주변의 모습을 묘사한 것이다.

흙으로 만들어진 아담이 하나님의 손에서 눈을 뜬 순간 그는 하나님의 얼굴을 직면했을 것이다. 그 다음에 그가 돌아본 것은 주변의 모습이다. 그때 그가 돌아본 주변의 모습이 바로 '초목이 없고 채소도 없고 안개만 땅에서 올라왔다'는 것이다.

창세기 2장에서 아담은 지구의 전체 모습을 묘사한 것이 아니다. 그가 묘사한 것은 하나님이 에덴동산을 지으시기 직전의 주변 모습을 묘사한 것이다. 하나님이 에덴동산을 지으시기 직전의 모습은 안개만 올라오는 빈 땅이었다.

하나님이 에덴동산을 지으실 땅으로 초목이 자라지 않고 안개만 올라오는 빈 땅을 선택하신 것이다. 아담의 몸도 그 땅의 흙으로 지어졌을 것이다. 하나님은 아담을 지으시고 그를 위하여 에덴동산을 그곳에 지으신다. 이렇듯 창세기 2장은 아담의 눈으로 보고 경험한 세상을 묘사하고 있는 것이다.

그러나 창세기 1장의 범위는 매우 넓다. 시간과 공간을 초월하고 우주적이며 지구적인 것이다. 그러나 창세기 2장은 그 범위가 매우 좁다. 아담이라는 한 개인과 에덴동산이라는 한 지역을 중심으로 설명하기 때문이다.

창세기 1장은 하나님의 위치가 아니면 결코 설명할 수 없는 것이다. 그러나 창세기 2장은 아담이 경험한 내용을 기록한 것이다. 이것이 창세기 1장과 2장의 차이이다. 우리는 이 차이에 대한 관점을 생각해야 한다. 그래야만 창세기 2장을 여행할 때 우리는 오해하지 않는 것이다.

| 2절. 하나님이 그가 하시던 일을 일곱째 날에 마치시니 그가 하시던 모든 일을 그치고 일곱째 날에 안식하시니라 |

일곱째 날에 마치시니

여기에서 표현한 "하나님이 그가 하시던 일"이란 바로 창조를 말한다. 하나님이 창조를 일곱째 날에 마치셨다는 것이다. 그리고 일곱째 날에 안식하신다는 것이다. 그러나 이것은 정확한 표현이 아니다. 이것의 정확한 표현은 "여섯째 날에 마치고 일곱째 날에는 안식을 하신다."라고 말해야 한다.

그러나 아담은 그렇게 말할 수 없는 것이다. 왜냐하면 아담은 창조의 주체가 아니라 관찰자이기 때문이다. 창조의 주체라면 "내가 여섯째 날까지 일하고 일곱째 날에는 안식한다." 라고 말할 수 있다. 그러나 관찰자 입장에서는 그렇게 말할 수 없다. 관찰자 입장에서는 그가 본 상황을 그대로 설명할 뿐이다.

아담이 일곱째 날이 되어 하나님이 임재하심을 본 것이다. 그 순간의 아담은 일곱째 날에 임재하신 하나님이 그가 하시던 일을 계속 하실지 안하실지 모르고 관찰할 뿐이다. 그런데 일곱째 날에 하나님은 일을 안 하시고 안식을 하시기 시작한다. 그래서 2절을 설명한 아담의 내용은 이런 의미이다. "하나님이 하시던 일을 일곱째 날에는 안 하시는구나!" "하나님이 그가 하시던 일을 일곱째 날에는 마치셨구나!"라는 관찰자 입장에서 본 상황을 설명한 것이다.

일곱째 날 안식하시다.

하나님은 여섯째 날로 창조를 끝냈다. 그런데 하나님은 또다시 일곱째 날이라는 새로운 날을 시작하신다. 일곱째 날에 하나님이 다시 세상에 임재하신 것이다. 그리고 하나님은 세상에서 안식을 시작하신 것이다.

어쩌면 세상의 입장에서는 일곱째 날이 별로 의미가 없어 보인다. 왜냐하면, 여섯째 날로 세상은 다 완성이 되었기 때문이다. 질서도 다 만들어졌다. 사람도 다 만들어졌다. 여섯째 날로 세상은 모든 것이 다 완성되어진 것이다. 그런데 하나님이 세상에 또다시 새로운 날을 시작하신다. 이것은 창조의 날과 같은 하나님의 날이다. 이것이 바로 일곱째 날이다.

일곱째 날에 다시 세상에 임재하신 하나님은 지금까지와 다른 매우 독특한 행동을 하신다. 일곱째 날을 하나님이 안식하는 날로 정하신 것이다. 우리는 하나님이 안식하는 곳이 어디인지 잘 안다. 그곳은 바로 하나님의 나라인 천국이다. 천국이 바로 하나님의 안식처이다. 그런데 하나님은 천국이 아닌 세상에서 안식을 하시기로 결정하신 것이다. 그리고 그날을 일곱째 날로 정하신 것이다.

일곱째 날의 안식은 천국이 아닌 세상에서의 안식이다. 왜냐하면, 천국에는 날이 없다. 천국은 시간이 없기 때문이다. 따라서 일곱째 날이란, 창조의 날과 같은 하나님의 날로써 일곱째 날이다. 하나님은 일곱째 날을 정하시고 천지창조하실 때처럼 세상에 임재를 하신다. 그리고 그날에 안식하시는 것이다. 이것이 일곱째 날이다.

| 3절. 하나님이 그 일곱째 날을 복되게 하사 거룩하게 하셨으니… |

복되게 하사 거룩하게 하셨으니

하나님이 안식을 위하여 일곱째 날을 만드셨다. 그리고 그 날을 위한 질서를 정하셨다. 그 질서가 바로 '거룩함'이다. 3절은 이것을 다음과 같이 표현한다.

'하나님이 그 일곱째 날을 복되게 하사 거룩하게 하셨으니'

여기에서 '복되게 하사 거룩하게 하시다.'는 것은 무슨 뜻인가? 이것은 '하나님이 일곱째 날을 복되게 하시었는데 그 날이 복되기 위해서는 거룩해야 한다.'는 뜻이다. 거룩함은 곧 축복이라는 상관관계를 말씀하신 것이다. 하나님이 세상을 향하여 거룩함이라는 영적 질서를 선포하신 것이다.

거룩함은 원래 세상의 질서가 아니었다. 거룩함은 하나님 나라의 질서이다. 하나님 나라는 거룩함이라는 질서에 의해서 통치되는 곳이다. 하나님 나라에서 거룩함의 질서 안에 있는 자들은 하나님의 돌보심과 보호를 받는다. 그래서 거룩함이란 곧 하나님의 축복이다. 하나님은 이 축복의 질서를 일곱째 날에 세상을 향하여 선포하신 것이다.

일곱째 날의 거룩함

일곱째 날 선포하신 '거룩함'은 이제 세상을 통치하는 새로운 영적 질서가 되었다. 하나님이 '거룩함'이라는 영적 질서를 세상에 선포했기 때문이다. 이것은 세상을 천국의 질서로 통치하시겠다는 의지를 하나님이 표방한 것이다. 이것이 일곱째 날의 질서이다. 일곱째 날에 선포한 거룩함은 세상에 세워진 영적 질서이다. 일곱째 날부터 세상은 거룩함의 질서가 지배하는 것이다. 그리고 하나님은 이 질서에서 쉼을 얻게 되었다.

하나님은 일곱째 날을 복되게 하사 거룩하게 하시었다. 하나님은 거룩함의 질서를 일곱째 날이라는 시대에 적용한 것이다. '일곱째 날을 거룩하게 하시었다'는 뜻은, 일곱째 날을 사는 모든 존재는 거룩함의 질서에 적용을 받는다는 의미이다. 바로 일곱째 날에 존재하는 모든 피조물은 거룩함의 질서에 지배를 받게 된 것이다.

따라서 거룩함의 질서는 지구라는 장소에만 국한된 것이 아니다. 일곱째 날이라는 시대에 국한된 것이다. 일곱째 날이라는 시대에는 지구에서부터 우주 끝까지 어느 영역이든지 모두 적용된다. 일곱째 날이라는 시대를 사는 모든 존재에게 적용되는 것이다.

따라서 인간은 지구를 떠나서 다른 행성에 갈지라도 하나님의 거룩함에 대한 질서에 적용을 받아야 한다. 일곱째 날 즉 하나님의 안식하는 시대를 사는 모든 존재들은 그 어느 곳에 있을 지라도 거룩함의 질서를 벗어날 수 없는 것이다.

영적 질서

거룩함은 하나님이 정하신 영적인 질서이다. 영적인 질서라 함은 영적인 존재들을 위한 질서라는 뜻이다. 따라서 영적인 존재들은 반드시 이 질서를 따라야 하는 것이다. 인간은 영적인 존재이다. 인간의 육체는 세상에 속해 있지만 영은 하나님으로부터 온 존재이기 때문이다. 따라서 인간은 하나님이 선포하신 '거룩함'의 질서에 적용을 받는다. 그러므로 인간은 거룩함의 질서에 순응해야 하는 것이다.

하나님은 그의 속성이 거룩함이다. 따라서 하나님은 거룩한 곳에 임재를 하신다. 또한 하나님이 임재하시는 곳은 또한 거룩한 곳이다. 하나님이 일곱째 날을 거룩하게 하시었다.

이것은 일곱째 날이라는 시대에 하나님이 임재를 하신다는 뜻이다. 뿐만 아니라 일곱째 날 동안 하나님이 세상에 계신다는 의미도 있는 것이다. 따라서 일곱째 날은 하나님이 임재를 하시어 세상에 계시는 날이다. 하나님이 임재를 하시어 세상에 계시기 때문에 세상의 질서는 거룩함이라는 새로운 영적 질서가 생긴 것이다.

예를 들면 다음과 같다. 힘이 막강한 나라의 왕이 있다고 가정하자. 그가 어느 작은 신생국가를 점령하여 그곳에 들어갔다고 가정하자. 그 순간 신생국가는 왕의 나라의 질서에 적용을 받는 것이다. 왕이 신생국가의 질서에 적용을 받는 것이 아니다. 신생국가의 모든 백성들은 왕의 나라의 질서에 적용을 받는 것이다. 이것이 하나님의 임재이다.

일곱째 날 임재하신 하나님은 세상을 향하여 거룩함을 선포하신다. 이것은 세상의 질서가 아니라 왕의 나라 즉, 하나님 나라의 질서이다. 세상의 모든 백성들은 왕 되신 하나님 나라의 질서에 순복해야 한다. 하나님께서 이 백성들을 다스리겠다고 거룩함을 선포하셨기 때문이다. 하나님이 선포하신 거룩함은 세상에 사는 백성들의 축복이다. 세상에 속한 백성이 하나님 나라의 백성이 되는 유일한 길이기 때문이다. 그 축복을 하나님이 일곱째 날에 선포하신 것이다.

거룩함을 따르라

하나님이 일곱째 날을 거룩하게 하셨다면 이 세상은 일곱째 날 모든 것이 다 거룩해지는가? 그렇지 않다. 모든 만물은 거룩함의 질서에 순응해야하는 의무가 생긴 것이다. 거룩함은 영적인 통치 질서이다. 따라서 통치 질서를 따르면 그의 백성이 된다.

세상에는 여러 가지 통치 질서가 공존하고 있다. 하나님이 피조물들에게 정해주신 질서들이 있다. 하늘과 땅과 바다에 속한 질서들이 있는 것이다. 이것들은 육체적인 질서이며 이 질서에 순응할 때 비로소 그들은 하늘과 땅과 바다의 영역에 속하는 것이다.

이처럼 하나님이 영적 질서인 '거룩함'을 선포할 때에 영적 존재들이 그것을 따르면 하나님께 속하는 것이다. 하나님의 나라인 천국에는 오직 한 가지 질서만 있다. 이것이 바로 거룩함이다. 따라서 천국에 속한 모든 존재는 완벽하게 이 질서를 따르는 것이다. 천국에서 이 질서를 따르지 않는 자가 곧 음부로 쫓겨나는 것이다. 왜냐하면 천국에서는 모든 것이 명확하게 드러나기 때문이다.

그러나 이 세상에는 여러 가지 질서가 공존한다. 영적으로는 빛에 속한 질서가 있는가 하면 반면에 어둠에 속한 질서도 있다. 또한 각각의 영역에 속한 질서들이 있다. 우리는 이 속에서 하나님이 선포하신 거룩함의 질서에 순응해야 한다. '거룩함'은 하나님이 선포하신 가장 큰 개념의 영적통치 질서인 것이다.

| 3절. …이는 하나님이 그 창조하시며 만드시던 모든 일을 마치시고 그날에 안식하셨음이니라 |

하나님의 임재하심

하나님이 일곱째 날을 거룩하게 하시고 그날에 안식을 하신다. 안식은 하나님의 임재하심에서 시작되는 것이다. 하나님이 세상에 임재하신 것이다. 그렇다면 하나님은 이 세상의 어디에 임재를 하셨는가? 우리가 모르는 우주 어느 곳에 하나님만을 위한 장소를 만드셨는가? 그렇지 않다. 하나님은 이 세상의 임재를 위하여 한 장소를 준비하셨다. 그곳이 바로 에덴동산이다.

인간의 관점에서 에덴동산은 인간을 위한 지상낙원이다. 그러나 하나님의 관점에서 에덴동산은 하나님이 임재하기 위한 성전인 것이다. 하나님의 임재하심과 인간의 낙원이 만나는 곳이 바로 에덴동산이다. 하나님과 인간이 만나서 안식하고 풍요를 누리는 곳이 바로 에덴동산인 것이다. 그래서 에덴동산을 가리켜 세상에 있는 천국이라고 한다.

하나님과 동거하기

하나님이 왜 에덴동산을 만드시고 인간을 그곳에 초대하셨는가? 왜냐하면 하나님은 그곳에서 인간과 함께 동거하는 연습을 하시기 위해서이다. 하나님은 인간이 하나님의 질서를 지키고, 하나님과 함께 에덴동산에서 살아주기를 기대하신 것이다. 어떻게 보면 이것은 인간이 천국에 들어가기 위한 연습을 하는 것과 같다. 왜냐하면 천국에서는 연습이란 것이 없기 때문이다. 천국에서는 하나님의 질서를 벗어나면 그는 영원한 음부로 쫓기는 것이다. 그에게는 다시 재기할 수 있는 기회가 없는 것이다.

영적 피조물의 속성

천국에서 하나님의 질서에 도전하고 어긴 자들이 있었다. 그들이 바로 타락한 천사인 사탄이다. 이미 사탄은 천국에서 내어 쫓김을 당하였다. 그들에게는 하나님의 자비가 없었다. 하나님은 천사들이 타락하는 과정을 통하여 선악의 경험을 하시었다. 이 말은 영적 피조물이 악을 추구하는 속성을 지녔다는 것을 경험했다는 것이다. 그들은 하나님으로부터의 일탈하고자하는 강렬한 욕망을 지녔다는 것을 하나님은 알게 된 것이다. 뿐만 아니라 악이 가져오는 두렵고 비참한 결과를 하나님은 경험한 것이다. 왜냐하면 이미 타락한 천사들을 가두기 위한 무저갱과 어둠을 만드신 경험이 있기 때문이다.

불완전한 세상에 인간을 만드시다

하나님은 영적 피조물이 지닌 일탈을 향한 강렬한 욕망을 아셨다. 그럼에도 불구하고 하나님은 새로운 영적 피조물인 인간을 만드시기로 결정하신다. 하나님은 인간을 천사와 같은 영적인 피조물로 만드신다. 그러나 인간을 천사와 신분이 다르게 만드신다.

천사들은 하나님의 사역자라면 인간들은 하나님의 자녀로서 만드신 것이다. 그리고 하나님은 인간을 만드실 때는 천사들을 만든 것처럼 천국에서 만들지 않으신다. 천국이 아닌 불완전한 세상에 인간을 만드시는 것이다. 그것이 바로 천지창조이다.

천지창조에는 하나님의 뜻이 담겨 있었던 것이다. 그것은 인간을 만드는 것이다. 부모가 자녀를 낳는 것처럼 하나님은 인간을 세상에 만드신다. 하나님이 인간을 천국이 아닌 세상에 만든 것이다. 이것은 마치 독생자 예수님이 태어날 때 천국과 같은 화려한 곳이 아니라 마구간에서 태어나는 것과 같다.

하나님이 우리를 이곳에 낳을 수밖에 없는 안타까운 심정을 예수님을 통해서 보이셨다. 예수님을 죽이려는 자들을 피해서 이곳에 낳을 수밖에 없었던 것이다. 하나님도 우리를 천국에서 태어나게 하고 싶으셨을 것이다. 그러나 욕망을 지닌 영적 피조물인 인간이 후에 어떠한 선택을 할지 이미 하나님은 알고 있던 것이다.

그래서 하나님은 아주 험난한 길을 선택하신다. 이것이 바로 세상이다. 하나님은 불완전한 세상을 만드시고 불완전한 이곳에 인간을 불완전한 존재로 만드신다. 왜냐하면 불완전한 존재라는 이유로 우리에게 다시 기회를 주기 위해서이다.

하나님의 사랑

그러나 우리 인간은 하나님이 주시는 기회를 끊임없이 포기한다. 하나님이 주신 기회를 서수로 바꾸어 버리는 것이다. 이것이 우리의 모습이다. 하나님은 이런 인간을 포기하지 않으신다. 하나님이 스스로 인간의 죄의 대가를 대신 지불하신다. 우리가 맞아야 할 채찍을 그분이 대신 맞고 우리가 찔려야 할 창에 그분이 대신 찔린다. 십자가에서 죽기까지 우리를 사랑하신 것이다. 이것이 예수그리스도의 십자가 사랑이다.

우리는 독자 예수그리스도의 참혹한 죽음 앞에서도 침묵하셨던 하나님을 기억한다. 마치 아담과 하와가 범죄를 할 때 침묵하셨던 것처럼 하나님은 침묵하신다. 그래서 우리는 하나님이 무책임하고 무기력하며 무자비한 아버지처럼 느껴질 때가 있다.

그러나 우리는 기억해야 한다. 십자가에 달리신 예수그리스도의 고통보다도 그 참혹한 광경을 그서 침묵하며 지켜보아야 하는 아버지의 고통이 더하다는 것을 말이다. 이것은 마치 아버지 아브라함에 의해서 제물로 포박되고 칼에 찔려 죽을 순간의 이삭이 겪는 고통보다도 독자 아들을 제물로 죽여야 하는 아버지 아브라함의 고통이 더욱 큰 것과 같다.

아담과 하와의 선악과 범죄에 대하여 침묵하신 하나님은 어떤가? 하나님이 인간을 골탕 먹이려고 침묵을 하신 것인가? 결코 그렇지 않다. 인간의 범죄로 우리도 고통을 당하지만 가장 큰 고통을 당하시는 분이 바로 하나님 자신이라는 것을 우리는 기억해야 한다. 인간 안에 있는 사악한 죄의 속성을 드러내고 사탄과 함께 세상에서 내어 쫓기 위해 하나님은 험난한 십자가를 선택하신 것이다. 자신의 죽음과 고난을 선택하신 것이다.

우리는 그 누구도 하나님을 힐난할 수 없다. 왜 이토록 세상을 불완전하게 만드시고 나도 불완전하게 만드셨는지 하나님을 비난할 수 없다. 왜냐하면, 이것은 인간을 향한 하나님의 사랑이었기 때문이다.

인간의 완악함과 간사함은 사탄보다 더하다는 것을 우리 스스로는 알고 있다. 우리는 결코 사랑받을 수 있는 자가 아니다. 그러나 하나님은 우리를 위한 희생의 사랑을 보이신 것이다. 그래서 하나님의 사랑은 기적인 것이다.

침묵하시는 하나님

하나님의 권능만을 말하자면, 하나님은 이 세상을 한 순간에도 만들 수 있고 또한, 한 순간에도 심판할 수 있다. 그러나 하나님은 그 권능을 여섯째 날인 창조 때까지만 사용하신다. 일곱째 날에는 하나님이 창조의 권능을 내려놓으신다. 그리고 안식을 선포하신다.

그래서 인간은 매우 헷갈리는 것이다. 그 엄청난 창조의 권능을 보이신 하나님이 일곱째 날부터는 침묵하시기 때문이다. 삐뚤어져 가는 세상에서 하나님은 그의 권능을 보이지 않으신다. 뱀이 아담을 유혹하는 순간에도 하나님은 침묵하시었다. 가인이 아벨을 죽이는 순간에도 하나님은 개입하지 않았다. 인간이 죄악으로 강퍅해지고 자연환경이 포악해지며 불의가 넘치는 세상이 되어도 하나님은 그의 창조하실 때의 능력을 더 이상 보이지 않았다. 왜냐하면, 하나님은 스스로 안식을 선포하셨기 때문이다.

우리는 하나님에게서 더 이상 창조적인 권능을 기대할 수 없게 되었다. 왜냐하면 하나님이 세상을 우리에게 맡겼기 때문이다. 이미 하나님은 세상에 모든 질서를 우리에게 다 정해 주시었다. 우리는 하나님이 정해주신 질서에 따라서 세상을 운영해야하는 임무를 부여 받은 것이다. 그리고 하나님은 안식하시는 것이다. 사실, 안식이라기보다는 마음조리며 인간을 지켜보는 것이다. 그들이 하나님의 질서에 순응하기를 기대하면서 말이다.

함께하시는 하나님

그러나 인간은 하나님의 질서에 순응하지 않았다. 인간은 죄와 타락을 선택한다. 그 결과로 우리는 세상에서 고단한 삶을 부여 받았다. 우리는 고통 속에서 세상을 살아간다. 그래서 우리는 가끔씩 세상을 이렇게 만드신 하나님을 원망하기도 한다. 그러나 우리만 고통당하는 것이 아니다. 하나님도 고통당하신다. 우리만 가난과 질병과 죽음의 고통을 당한 것이 아니다. 하나님도 우리와 함께 고통을 당하고 있는 것이다.

하나님은 스스로 천국을 내려 놓으셨다. 하나님은 지금 우리 속에서 우리와 함께 고통을 당하고 있다. 우리 속에 임재를 하셔서 우리의 슬픔과 고통과 두려움의 쓴 잔에 함께 참여하고 있다. 그래서 우리는 우리와 함께하시는 하나님을 바라봐야 한다. 그리고 그분 앞에 나아가야 하는 것이다.

12 편

사람을 만들어 에덴동산에 두시다

4. 이것이 천지가 창조될 때에 하늘과 땅의 내력이니 여호와 하나님이 땅과 하늘을 만드시던 날에

5. 여호와 하나님이 땅에 비를 내리지 아니하셨고 땅을 갈 사람도 없었으므로 들에는 초목이 아직 없었고 밭에는 채소가 나지 아니하였으며

6. 안개만 땅에서 올라와 온 지면을 적셨더라.

7. 여호와 하나님이 땅의 흙으로 사람을 지으시고 생기를 그 코에 불어넣으시니 사람이 생령이 된지라.

8. 여호와 하나님이 동방의 에덴에 동산을 창설하시고 그 지으신 사람을 거기 두시니라.

9. 여호와 하나님이 그 땅에서 보기에 아름답고 먹기에 좋은 나무가 나게 하시니 동산 가운데에는 생명나무와 선악을 알게 하는 나무도 있더라.

| 4절. 이것이 천지가 창조될 때에 하늘과 땅의 내력이니 여호와 하나님이 땅과 하늘을 만드시던 날에 |

천지가 창조될 때

창세기 2장 4절에서부터 아담은 창조의 이야기를 설명하기 시작한다. 아담의 설명은 '천지가 창조될 때'라는 시대부터 시작된다. 그런데 아담이 말하는 '천지가 창조될 때'나 '땅과 하늘을 만드시던 날'은 과연 어떤 날인가? 이것은 창세기 1장에서 소개된 천지창조의 날을 가리킨다. 그러나 아담이 말하는 '천지가 창조될 때'나 '천지가 창조될 때'는 6일간의 천지창조의 날 모두를 말하는 것이 아니다. 왜냐하면 아담은 천지창조 6일간을 모두 경험하지 않았기 때문이다. 아담이 말하는 천지 창조의 날은 자신이 만들어진 여섯째 날 일부를 말하는 것이다. 아담은 자신이 만들어진 여섯째 날 일부를 홀로 경험했기 때문이다.

창세기 2장에서 아담은 안식의 날과 구별된 창조의 날을 설명한다. 아담은 안식의 날과 창조의 날을 함께 경험했던 유일한 사람이다. 그는 창조의 날인 여섯째 날에 만들어졌지만 또한 안식의 날인 일곱째 날에도 세상에 살았던 것이다. 그래서 아담은 그의 경험에 따라서 시대를 두 가지로만 구분하여 말하고 있다. 바로 '창조의 날'과 '안식의 날'이다. 여기서, 아담이 말하는 창조의 날은 여섯째 날 일부이다. 또한 그가 소개하는 지역은 에덴동산과 그 주변이다.

| 5절. 여호와 하나님이 땅에 비를 내리지 아니하셨고 땅을 갈 사람도 없었으므로 들에는 초목이 아직 없었고 밭에는 채소가 나지 아니하였으며 6절. 안개만 땅에서 올라와 온 지면을 적셨더라 |

아담이 만들어질 때

아담은 여섯째 날에 하나님에 의해서 창조되었다. 세상의 모든 사람들은 부모의 몸으로부터 태어난다. 그러나 아담은 하나님에 의해서 흙으로 만들어진 유일한 사람이다. 하나님이 아담을 만드실 때의 상황을 생각해 보자.

흙으로 만들어진 아담은 하나님의 손에서 처음 눈을 떴다. 그가 눈을 떴을 때, 그는 자신을 바라보는 하나님을 처음 대면했던 것이다. 그리고 하나님 앞에서 일어 선 아담은 주위를 둘러보았다. 5절과 6절은 그때 주위의 모습을 묘사한 것이다.

그때 주변의 모습은 초목도 채소도 없는 빈 들판이었다. 안개만 땅에서 올라와 지면을 적셨다. 이것은 온 세상의 모습을 묘사한 것이 아니다. 아담이 만들어진 주변의 모습이다.

아담의 생각

그는 들에 초목이 없는 이유를 아담은 하나님이 아직 땅에 비를 내리지 아니하였기 때문이라고 말한다. 또한 땅을 갈 사람이 없어서 밭에 채소가 나지 아니하였다고 말한다. 그러나 그것은 아담의 생각일 뿐이다.

땅을 갈아야 채소가 나는 것은 아니다. 비가 오지 않아서 초목이 없었던 것도 아니다. 이미 안개로 지면은 촉촉했기 때문이다. 흙에서 태어난 아담은 빈들에 안개만 올라오는 모습을 보고 그가 스스로 그렇게 생각한 것뿐이다.

하나님은 아담과 에덴동산을 만들기 위해 빈 들판을 준비하신 것이다. 하나님이 필요에 따라서 식물이 전혀 나지 않은 그런 땅을 선택하셨다. 하나님이 선택하신 땅은 동물들이 사는 세상에서 구별된 땅이다. 그리고 그곳에 아담을 만들고 에덴동산을 만드신 것이다.

| 7절. 여호와 하나님이 땅의 흙으로 사람을 지으시고 생기를 그 코에 불어넣으시니 사람이 생령이 된지라. |

아담이 눈뜨다

하나님이 흙으로 아담을 만드시고 그의 코에 생기를 불어넣었다. 아담이 처음 눈을 뜨는 순간 그는 사신을 빚으신 하나님의 얼굴을 마주보았을 것이다. 하나님도 아담의 얼굴을 마주 보았을 것이다. 이것은 대단히 감격적인 순간이다. 지금까지의 천지창조는 아담을 만들기 위해 준비된 모든 과정이었다. 모든 준비가 끝나고 창조의 결정체인 인간이 하나님에 의해서 태어나는 순간을 맞이하였다. 그 순간에는 하나님도 감격했다. 하나님에게 있어서 아담은 자녀이기 때문이다. 그 아담이 눈을 뜨는 순간 하나님도 마치 자신의 모습을 닮은 아이를 낳은 부모처럼 감격했던 것이다.

사람이 생령이 되다.

여호와 하나님이 땅의 흙으로 사람을 지었다. 그리고 생기를 그 코에 불어넣으셨다. 그러자 사람이 생령이 되었다. 여호와 하나님이 땅의 흙으로 사람을 지었을 때 그는 사람을 닮은 찰흙인형이 아니었다. 하나님이 만드신 동물과 같이 살아서 움직이는 사람이었다.

마치 흙으로 동물을 만든 것처럼 하나님은 흙으로 사람을 만들었다. 따라서 여기까지는 사람과 동물이 같다. 왜냐하면, 사람과 동물은 흙으로부터 왔고 또한 흙으로 돌아가야 하는 존재이기 때문이다. 즉 땅에 속한 존재이다.

그러나 하나님은 인간의 창조를 여기서 멈춘 것이 아니다. 하나님은 흙으로 지으신 사람의 코에 생기를 불어넣으신다. 그러자 사람이 생령이 되었다. 비로소 완성된 인간이 된 것이다.

육체와 영

그래서 인간은 두 번 태어난 것이다. 첫 번째는 육체로 태어났고, 두 번째는 생령으로 태어났다. 그래서 인간은 두 개의 몸을 지니고 있다. 하나는 육체의 몸이고 다른 하나는 영의 몸이다. 그래서 인간은 두 번의 인생을 산다. 한번은 육체로 살고 다른 한번은 영으로 사는 것이다. 이것이 인간이다.

그래서 인간은 동물하고 다르다. 모든 동물들은 한번 산다. 왜냐하면, 동물들은 육체밖에 없기 때문이다. 그들은 이 세상에서 살다가 죽어서 육체가 흙으로 돌아가면 끝이다. 그들은 세상에 속해있기 때문이다. 그러나 인간은 두 번 삶을 살아야 하는 것이다. 첫 번째는 육체의 몸이 속한 세상에서 살지만 두 번째는 영의 몸이 속한 하나님 나라에서 사는 것이다. 왜냐하면 인간은 육체를 지닌 영적존재이기 때문이다.

독특한 존재

아담은 육신을 입었지만 그는 또한 살아있는 영적 존재이다. 이것이 인간의 모습이다. 인간이란 존재는 다른 영적존재에 비교하면 매우 독특한 존재이다. 왜냐하면, 다른 영적 존재는 육체가 없기 때문이다. 하나님은 창조주로서 영적 존재이며 천사는 피조물로서 영적 존재이다. 하지만 그들은 육체가 없다.

그러나 인간만은 이와 다르다. 인간은 영적 존재이지만 육체가 있다. 왜냐하면, 이 세상에 살도록 하기 위해서이다. 인간은 비록 영적 존재이지만 이 땅에서 태어나 살도록 하기 위하여 하나님은 인간에게 육체를 입히셨다.

| 영과 육체에 대하여 |

영이란 무엇일까? 우리는 마치 영을 형체가 없는 정신이나 살아있는 의식이라고 생각하는 경우가 많다. 그래서 사람들은 육체를 영보다는 더 중요하게 생각한다. 그래서 "개똥밭에 굴러도 이생이 좋다"라는 속담도 있다.

그렇다면 성경에서 말하는 영은 무엇인가? 성경에 의하면 하나님도 영이고 천사도 영이다. 하나님도 영이고 천사도 영이라면, 그들은 실체나 모양이 없는 유령과 같은 존재인가?

결코 그렇지 않다. 하나님이 인간을 처음 만들 때, 하나님의 형상대로 인간을 만든다고 말씀하신다. 즉 하나님은 형상이 있다는 말씀이다. 성경 곳곳에서 하나님과 영적 존재의 형상에 대하여 말하고 있다는 것을 우리는 기억한다.

또한 영이신 하나님이 태초에 천지를 창조했다. 영이신 하나님은 시간과 공간을 창조할 수 있는 존재였다. 시간과 공간을 창조할 수 있는 존재란 시간과 공간보다 더 높은 차원의 존재라는 것이다. 높은 차원의 영역에서만이 낮은 차원의 영역을 만들 수 있기 때문이다.

따라서 영은 육체보다 더 높은 차원의 존재이다. 영은 육체보다 더 실체적이고 더 완전한 존재이다. 영은 우리가 사는 시공간보다 더 높은 차원의 진짜 실존이다. 평면의 그림보다 공간의 존재가 더 완전하듯 공간의 존재보다 영의 존재가 더 완전한 것이다.

따라서 우리가 생각해 봐야 하는 것은 바로 본질이다. 우리의 본질은 육체인가? 영인가? 우리의 진짜 본질은 육체가 아니라 영이라는 것이다. 모든 존재는 그 존재에 적합한 영역에 속해있다. 우리 인간은 육체를 입고 있는 동안에는 세상에 속해있다. 그러나 이것은 영원하지 않다. 우리는 언젠가 우리의 육체를 벗는 날이 오기 때문이다. 그날에는 우리의 본질인 영이 깨어나게 된다. 그 영은 그 영에 속한 본향으로 돌아가게 된다. 이것이 우리의 인생이다.

결론적으로 육체는 허상이요 영은 본질이다. 육체에 속한 것은 상대적이고 허무하지만, 영에 속한 것은 절대적이고 본질적이다. 육체가 느끼는 감각은 상대적이다. 육체가 느끼는 행복이나 즐거움이나 슬픔이나 고통도 절대적이지 않다. 매우 상대적이고 뇌파에 의한 감각적이다. 우리 육체를 입은 인간은 절대적인 기쁨이나 행복을 경험하지 못한다. 그저 행복에 유사한 경험을 할 뿐이다.

어떤 사람들은 말한다. "천국이란 곳은 지루하고 재미없을 것 같다." "TV라도 있으면 좋을 텐데" "차라리 지옥에서 고생하더라도 담배 한 대 피울 수 있으면 좋겠다." 이 얼마나 어처구니없는 말인가? 사람들은 천국이란 곳을 지금 우리의 육체로 경험할 수 있는 수준에서 이해하는 것이다.

힘든 일을 당할 때 어떤 사람은 죽음을 묵상한다. 자살을 생각하는 사람이 있다. 그러나 우리는 생각해야 한다. "죽음이란 잠드는 것이 아니라 깨어나는 것이다" 죽음이란 다시 깨어나지 않는 깊은 잠의 세계로 빠져드는 것이 아니다. 죽음이란 인생이라는 긴 잠에서 깨어나는 것이다. 죽음으로 우리 육체는 비참하게 깨어지지만 우리 영은 깨어나는 것이다. 진짜 내가 일어나는 것이다. 이것이 죽음이다.

계란이 부화할 때 계란의 껍데기는 깨어지지만 그 안에서 진짜 생명인 병아리가 깨어나는 것이다. 우리 육체의 죽음도 이와 유사하다. 우리 육체는 죽음으로 깨어지지만, 우리의 본질인 영이 깨어나는 것이다. 그래서 우리는 우리의 영이 어디에서 깨어날 것인가를 생각해야 한다. 우리가 하나님 앞에서 눈을 뜰 것인가? 아니면 영원한 어두움과 두려움과 고통의 지옥에서 눈을 뜰 것인가?

죽음이란 육체를 벗는 과정이다. 죄의 짐을 벗는 과정이다. 시간과 공간이라는 제한을 벗어나는 과정이다. 한정된 세계에서 영원한 세계로 옮겨가는 과정이다. 거짓을 벗고 진실을 입는 과정이다. 허상을 버리고 본질을 찾는 과정이다. 이것이 죽음이다.

죽음이란 끝이 아니라 새로운 시작이다. 진짜의 시작이다. 영원한 시작이다. 그래서 우리는 죽음이라는 자체를 두려워할 것이 아니라 죽음이 가져올 결과를 두려워해야 한다.

| 8절. 여호와 하나님이 동방의 에덴에 동산을 창설하시고 그 지으신 사람을 거기 두시니라 |

에덴동산을 만들다

여호와 하나님이 동방의 에덴에 동산을 창설하시었다. 그리고 그가 지으신 사람 아담을 거기에 두시었다. 하나님이 에덴동산을 만드시고 아담이 그곳에 두셨다는 것은 에덴동산은 아담의 영역이라는 의미이다. 하나님은 아담을 위한 영역으로서 에덴동산을 만드신다.

에덴동산은 땅 위에 있는 하나의 동산에 불과하다. 그러나 그의 본질은 바로 천국이다. 에덴동산은 바로 천국을 세상에 옮겨 놓은 곳이다. 에덴동산은 비록 세상에 있지만 그곳은 천국에 있는 축복이 있고, 천국의 풍요가 있으며 세상의 질서와 다른 천국의 질서가 지배하는 곳이다.

또한 에덴동산에는 천국과 같이 하나님이 그곳에 임재하시는 곳이다. 그리고 그곳에서 안식하는 것이다. 에덴동산은 바로 하나님의 영역이다. 에덴동산은 세상에 있지만 세상으로부터 분명하게 구별된 곳이다. 이곳이 바로 에덴동산이다.

에덴동산의 목적

하나님이 에덴동산을 만드신 목적이 있다. 그것은 인간을 위해서이다. 하나님은 인간이 에덴동산에 살도록 하기 위하여 만드셨다. 그러나 인간이 살 곳으로만 에덴동산을 만드신 것은 아니다.

하나님이 에덴동산을 만드신 더 본질적인 목적은 하나님이 그곳에서 인간을 만나시기 위해서이다. 하나님은 인간과 그곳에서 교제하기를 원하신 것이다. 그곳에서 인간과 함께 살아가는 연습을 하시기 원하신 것이다. 이곳이 바로 에덴동산이다. 에덴동산은 인간이 하나님과 만나는 곳이다.

세상의 목적

그렇다면 세상은 무엇인가? 세상은 인간이 동물들과 만나는 곳이다. 하나님은 인간에게 동물들을 다스리라고 명령하시었다. 땅에서 번성하고 정복하라고 말씀하신 것이다. 이 세상은 정복하고 다스리는 대상인 것이다.

정복하고 다스리는 대상은 생명을 지닌 동물이다. 인간은 세상에서 동물을 만나서 다스리는 것이지만, 에덴동산에서는 하나님을 만나서 다스림을 받는 것이다. 이것이 바로 하나님이 세상과 에덴동산을 만드신 목적이다.

인간의 몸

아담과 에덴동산은 하나님의 천지창조의 핵심이다. 천지를 창조하신 하나님에게 있어서 존재의 핵심은 아담이다. 그리고 영역의 핵심은 에덴동산이다. 그래서 하나님은 사람을 만드시고 에덴동산을 창설하시면서 그의 창조는 끝났던 것이다.

아담은 땅에 사는 짐승들처럼 흙으로 만들어졌다. 그래서 아담의 몸은 사실 짐승들과 다르지 않은 것이다. 그러나 그의 본질은 하나님으로부터 온 영적인 존재이다. 이것이 인간의 모습이다. 지금은 비록 육체를 입고 짐승들과 같은 땅 위에 존재하지만 본질적으로 우리는 영적 존재이다. 그러므로 우리는 결국 하나님의 나라를 동경하는 것이다. 우리는 죽음으로 육체를 벗는 날 우리의 본질인 영이 깨어난다. 그리고 우리의 영이 속한 하나님의 나라에 들어가는 것이다. 이것이 바로 인간이다.

인간의 역할

그래서 인간은 하나님의 말씀과 질서에 순종해야 한다. 그리고 하나님의 말씀과 그 질서로 세상을 다스려 나가야 하는 것이다. 이것이 인간의 역할이다. 인간에게는 에덴동산이라는 영역과 세상이라는 영역이 동시에 주어졌다. 에덴동산은 인간이 안식하고 다스림을 받는 영역으로 주어졌다. 하지만 세상은 그가 일을 해야 할 터전으로 주어진 것이다.

인간의 영과 육체도 이와 유사하다. 인간은 영으로 하나님을 만나고 그와 교제를 한다. 하지만 인간의 육체는 영으로서 다스림을 받아야 하는 영역인 것이다. 육체는 영으로서 정복되어야할 대상인 것이다. 그래서 인간은 영으로서 육체를 다스려야 한다. 에덴동산에서 세상을 통치하듯 인간은 영으로써 육체를 다스려야 하는 것이다.

| 9절. 여호와 하나님이 그 땅에서 보기에 아름답고 먹기에 좋은 나무가 나게 하시니 동산 가운데에는 생명나무와 선악을 알게 하는 나무도 있더라 |

아름답고 먹기에 좋은 나무

하나님은 에덴동산에 보기에 아름답고 먹기에 좋은 나무를 나게 하셨다. 하나님이 에덴동산에 보기에 아름답고 먹기에 좋은 나무를 나게 하신 이유는 단 하나이다. 바로 그가 지으신 사람 아담 때문이었다. 하나님은 아담을 위해서 에덴동산에 보기에 아름답고 먹기에 좋은 나무를 나게 하신 것이다.

하나님은 아담을 위한 최고의 장소로 에덴동산을 준비하셨다. 하나님은 인간의 필요를 잘 아신다. 그래서 인간의 필요에 적절한 환경을 준비하신 것이다. 이분이 하나님이시다.

선악과와 생명나무

에덴동산은 이처럼 하나님이 아담을 위해 준비하신 완벽한 장소이다. 그런데 이렇게 완벽한 장소인 에덴동산에 특이한 두 나무가 있었다. 바로 생명나무와 선악을 알게 하는 나무이다.

생명나무는 아담이 영생을 할 수 있는 열매가 열리는 나무이다. 그러나 선악을 알게 하는 나무는 아담과 모든 인류에게 죽음을 안겨주는 열매가 열리는 나무이다. 이 두 나무는 아담의 생명과 직결되는 아주 중요하면서도 매우 위험한 나무였다. 이 두 나무가 하나님이 만드신 에덴동산의 한 가운데에 있는 것이다.

무한한 자유로움과 풍요로움의 땅이었던 에덴동산에 왜 하나님은 중요하면서도 위험한 두 나무들을 자라나게 하신 것일까? 특히 선악을 알게 하는 위험한 나무를 에덴동산에 두어서 아담으로 범죄 할 수 있는 빌미를 제공하셨는가? 이것이 아담의 후손인 우리에게는 매우 의문스러운 점이다.

선악과는 아담을 포함하여 온 인류를 죽음의 함정에 빠뜨렸다. 이것이 하나님의 의도된 계획인지 아니면 실수인지 우리는 궁금하다. 도대체 선악과가 주는 의미는 무엇인지 그리고 하나님의 어찌하여 이러한 모순에 침묵하시는지 우리는 의문이 되는 것이다.

| 선악과와 생명나무 |

에덴동산에는 두 개의 문이 있다. 하나는 세상으로 열리는 문이고 다른 하나는 천국으로 열리는 문이다. 그것이 바로 선악과와 생명나무인 것이다. 선악과를 먹으면 그는 에덴동산에 속한 존재에서 세상에 속한 존재로 조건이 바뀌는 것이다. 생명나무도 역시 그의 과실을 먹으면 천국에 속한 존재로 조건이 바뀌는 것이다.

즉 선악과를 먹으면 그의 육체에 선과 악의 감정이 공존하도록 변하게 된다. 기쁨과 즐거움의 감정에 수치심과 두려움이 찾아오는 것이다. 어울리지 않는 두 감정이 공존하게 되는 것이다. 마치 빛과 어둠이 공존하는 세상의 모습을 닮게 되는 것이다. 이것이 선악과이다. 그러나 생명나무의 과실을 먹게 되면 그는 영원한 생명을 얻게 된다. 천국에서 살 수 있는 조건을 얻게 된다. 이것이 생명나무이다.

성경은 선악과와 생명나무가 어떤 결과를 만드는지 이미 보여주었다. 선악과는 아담과 하와가 먹으면서 수치심과 두려움이라는 감정을 얻었다. 그리고 그들은 빛 되신 하나님을 더 이상 대면할 수 없게 되었다. 이것이 선악과이다. 생명나무는 예수그리스도를 통해서 알 수 있다. 예수님이 십자가의 죽으심과 부활로 영생이라는 첫 열매가 되었다.

우리는 에덴동산에서의 범죄로 생명나무를 통하여 영생을 할 수 있는 기회를 잃었다. 하지만 세상에서 예수님을 통하여 영생할 수 있는 기회를 얻은 것이다. 즉 에덴동산에서 영생은 생명나무이지만 세상에서 영생은 예수그리스도

이기 때문이다.

하나님은 에덴동산의 한가운데 이 두 나무를 세워놓으셨다. 동산의 한가운데 세웠다는 것은 곧 선택을 해야 한다는 것을 의미한다. 하나님은 이 선택의 문제에 개입하시었다. 선악과는 먹지 말라고 말씀하셨다. 그러나 생명나무에 대해서는 전혀 언급하지 않으신다. 단지 동산 각종 나무의 실과는 임의로 먹으라고만 하신다. 하나님은 생명나무를 아담이 임의로 먹을 수 있는 일반 실과나무처럼 여기도록 하신 것이다.

우리는 여기서 하나님의 의도를 파악할 수 있다. 하나님은 아담이 선악과를 먹지 않고 하나님 말씀에 순종하며 에덴동산을 지키고 다스리기를 원하셨다. 이렇게 자연스럽게 하나님과 동행하기를 기대하신 것이다. 그러다가 생명나무 실과를 먹으면서 천국에서 영원히 동행하기를 원하셨던 것이다.

생명나무는 에덴동산에 속한 자를 천국에 속한 자로 변화시키는 열매이다. 하나님은 아담뿐 아니라 그의 후손인 모든 인류가 생명나무를 통하여 에덴동산에서 천국으로 옮겨지기를 기대하신 것이다. 온 세상을 에덴동산처럼 통치하기를 기대하신 것이다.

13편

에덴동산으로부터 흐르는 네 개의 강

10. 강이 에덴에서 흘러 나와 동산을 적시고 거기서부터 갈라져
네 근원이 되었으니

11. 첫째의 이름은 비손이라 금이 있는 하윌라 온 땅을 둘렀으며

12. 그 땅의 금은 순금이요 그곳에는 베델리엄과 호마노도 있으며

13. 둘째 강의 이름은 기혼이라 구스 온 땅을 둘렀고

14. 셋째 강의 이름은 힛데겔이라 앗수르 동쪽으로 흘렀으며
넷째 강은 유브라데더라.

10절. 강이 에덴에서 흘러 나와 동산을 적시고 거기서부터 갈라져 네 근원이 되었으니

11절. 첫째의 이름은 비손이라 금이 있는 하윌라 온 땅을 둘렀으며

| 12절. 그 땅의 금은 순금이요 그곳에는 베델리엄과 호마노도 있으며 |

| 13절. 둘째 강의 이름은 기혼이라 구스 온 땅을 둘렀고 |

| 14절. 셋째 강의 이름은 힛데겔이라 앗수르 동쪽으로 흘렀으며 넷째 강은 유브라데더라 |

에덴동산의 모습

창세기 2장 10절에서 14절까지는 에덴동산의 모습에 대해서 설명한다. 에덴동산에는 강이 흐르고 있었다. 이 강은 에덴동산에서 흘러 나와 동산을 적시고 거기서부터 갈라져 네 개의 강으로 나뉜다. 이 강들의 이름은 비손, 기혼, 힛데겔, 유브라데 강이다.

그 강들은 세상을 향하여 흐른다. 강이 흐르는 지역의 땅은 풍요로웠다. 세상은 에덴동산에서 흘러나오는 강물에 의지해서 살았던 것이다. 세상은 에덴동산을 의지해야만 했다. 에덴동산을 의지하지 않고 세상은 홀로 존재할 수 없기 때문이다. 왜냐하면, 생명의 물을 에덴동산이 공급하기 때문이다.

영역으로서 에덴동산은 세상의 통치자이다. 이것은 마치 인간이 동물들의 통치자인 것과 같다. 에덴동산과 그곳에 속한 인간은 세상과 세상에 속한 짐승들의 통치자이다. 이것이 바로 하나님이 세우신 질서이다.

에덴동산의 의미

에덴동산이 세상에 있을 때에는 세상은 평화롭고 안전했다. 에덴동산을 통하여 생명의 물이 공급되고 하나님의 질서가 세워졌기 때문이다. 그러나 인간의 타락과 그로인하여 에덴동산이 사라진 후, 세상은 파괴되고 피폐해진 것이다. 하나님의 통치 질서가 세상에서 무너지기 시작했기 때문이다. 하나님의 통치 질서로 세상을 다스려야 할 인간이 쓰러졌기 때문이다.

하나님의 공의로운 통치 질서의 무너짐은 곧 저주의 시작이다. 하나님의 질서가 무너지자 세상은 전쟁터로 변한 것이다. 자연의 생명체들은 약육강식의 생존을 위한 몸부림이 시작된 것이다. 이것이 세상의 자연생태계이다. 땅 위의 생명체들은 주인을 잃었다. 그리고 질서가 무너졌다. 질서가 무너지자 혼돈이 시작되는 것이다. 이렇게 세상은 변질되어 왔다.

에덴동산의 회복

에덴동산은 하나님이 임재하시는 성전이었다. 이세상이 에덴동산을 잃은 것은 곧 하나님이 임재하시는 성전을 잃은 것과 같다. 세상은 생명을 잃은 것이다. 소망이 사라진 것이다. 고통과 저주의 삶이 시작된 것이다.

하나님은 우리 마음에 에덴동산이 회복되기를 원하신다. 우리 안에 에덴동산이 온전히 회복 될 때, 비로소 우리는 살아난다. 우리의 가정은 회복되며 세상은 변하는 것이다. 우리 안에 에덴동산이 회복되는 것은 우리를 향하신 하나님의 뜻이다.

예수님은 "하나님의 나라는 너희 안에 있다(누17:21)"고 말씀하신다. 우리 안에 에덴동산을 회복해야 함을 말씀하신 것이다. 우리 안의 에덴동산을 회복하지 않는다면 우리에겐 아무런 일도 일어나지 않는다. 우리 안에 에덴을 회복하지 못한다면 우리는 여전히 흑암과 혼돈과 공허의 삶을 살게 되는 것이다. 우리의 가족도 우리의 이웃도 흑암과 두려움, 혼돈과 공허의 삶에서 벗어날 수 없는 것이다. 이것이 에덴동산의 법칙이다.

14편

아담이 에덴동산에서 지켜야 할 것들

15. 여호와 하나님이 그 사람을 이끌어 에덴동산에 두사
그것을 다스리며 지키게 하시고
16. 여호와 하나님이 그 사람에게 명하여 가라사대 동산
각종 나무의 실과는 네가 임의로 먹되
17. 선악을 알게 하는 나무의 실과는 먹지 말라 네가 먹는 날에는
정녕 죽으리라 하시니라.
18. 여호와 하나님이 가라사대 사람의 독처하는 것이 좋지 못하니
내가 그를 위하여 돕는 배필을 지으리라 하시니라.

| 15절. 여호와 하나님이 그 사람을 이끌어 에덴동산에 두사 그것을 다스리며 지키게 하시고 |

하나님과 아담

하나님이 에덴동산을 준비하시었다. 그리고 아담을 이끌어서 그곳에 두시었다. 하나님이 아담을 이끄는 모습이 마치 아버지가 아들의 손목을 잡고 가는 모습으로 상상된다. 에덴동산은 아담을 위하여 준비된 곳이다. 하나님은 이곳을 아담에게 보여주고 싶으셨던 것이다. 그곳에서 기뻐하는 아담의 모습을 기대하셨던 것이다. 하나님은 아담의 아버지였다. 이것이 하나님과 아담의 관계이다.

아담은 하나님의 손에 이끌리어 에덴동산으로 들어간다. 에덴동산에 들어가면서 아담은 흥분하기 시작하였다. 그가 눈으로 보는 에덴동산의 광경이 아름답고 신기했기 때문이다. 그는 에덴동산으로부터 흘러나오는 강물을 보았다. 하나님의 찬란한 영광의 빛에 반짝이는 강물의 아름다움에 그는 그만 넋을 잃었을 것이다.

강 주위에 자라난 나무들은 보기에도 아름답고 먹기에도 좋은 실과들이 열려있었다. 그리고 동산에서 내려다보이는 푸른 들판의 모습과 초목들 사이에서 들리는 새소리에 아담의 마음은 기쁨으로 벅차오른 것이다. 아담은 에덴동산의 놀라운 축복을 경험하기 시작한 것이다.

에덴동산을 지키고 다스리라

아담은 하나님과 에덴동산의 한 가운데 섰다. 그러자 하나님께서 그에게 말씀하기 시작한다. 하나님은 아담이 지금까지 보고 감동했던 축복의 장소인 에덴동산을 다스리며 지키라고 말씀하신다. 이것은 하나님이 아담에게 에덴동산에서 해야 할 역할을 말씀하신 것이다. 그런데 그 역할은 에덴동산을 지키고 다스리라는 것이다. 영역을 지키고 다스리는 것은 통지자의 역할이다. 하나님은 에덴동산에서 통치자의 역할을 아담에게 말씀하신 것이다.

에덴동산은 하나님이 임재하시는 거룩한 성전이다. 그리고 에덴동산은 세상에 있는 천국이다. 그래서 에덴동산은 인간이 통치하는 곳이 아니라 하나님이 통치하는 곳이다. 에덴동산의 모든 곳은 하나님의 영광의 빛으로 둘리는 것이다. 하나님의 거룩함의 질서가 완전하게 통치하는 곳이 에덴동산이다. 따라서 에덴동산에 속한 모든 피조물은 하나님의 통치를 받아야 한다. 그것이 천국이며 성전인 것이다. 이것이 에덴동산의 질서이다.

하나님의 통치를 받는 것은 피조물에게는 축복이다. 하나님의 온전한 통치를 받는 곳이 피조물에게는 천국이다. 그런데 하나님은 거룩한 성전이고 천국인 에덴동산을 아담에게 다스리고 지키라고 말씀하신 것이다.

| 16절. 여호와 하나님이 그 사람에게 명하여 가라사대 동산 각종 나무의 실과는 네가 임의로 먹되 |

하나님이 사람에게 명령하다

창세기 2장 16절은 여호와 하나님이 아담에게 "명령한다."라고 하면서 시작된다. 16절에 하나님이 말씀하기 전에 "명령한다."라고 하신 이유는 무엇인가? 그것은 16절부터 하시는 말씀은 반드시 따라야 하기 때문이다. 하나님이 명령하시면 인간은 반드시 따라야만 한다. 왜냐하면, 하나님의 명령은 매우 놀라운 권위를 지녔기 때문이다.

하나님은 말씀만으로 세상을 만드신 분이다. 그분은 인간이 상상할 수 없는 절대 권능을 지니신 신이다. 하나님의 권능이 하나님의 말씀으로 나타났다. 그래서 우리는 하나님의 말씀이 얼마나 위대한지를 잘 안다. 그러므로 우리는 하나님의 말씀을 경외함으로 받아야 하는 것이다. 하나님의 말씀도 이와 같이 두려운데 하물며 하나님의 "명령"의 권위는 어떠할까? 그것은 인간의 상상을 초월하는 것이다. 그래서 인간은 하나님의 명령을 두려움과 경외함으로 받아야만 한다.

동산 각종 나무의 실과는 네가 임의로 먹되

하나님은 아담에게 동산 각종 나무의 실과를 임의로 먹을 수 있다고 말씀하신다. 에덴동산의 실과를 임의로 먹을 수 있는 자유를 허락하신 것이다. 에덴동산의 풍요로움을 마음껏 누릴 수 있는 자유를 주셨다. 하나님은 아담에게 축복을 말씀하셨다. 그런데 이 말씀을 명령으로 하신다. 이것은 '아무도 아담의 이 축복을 흔들 수 없다'는 하나님의 의지를 담은 말씀이다. 아담은 에덴동산에서 하나님이 보증하시는 축복을 받은 것이다.

| 17절. 선악을 알게 하는 나무의 실과는 먹지 말라 네가 먹는 날에는 정녕 죽으리라 하시니라 |

선악을 알게 하는 나무의 실과는 먹지 말라

하나님은 아담에게 에덴동산의 모든 실과를 임의로 먹을 수 있는 자유를 허락하셨다. 그러나 하나의 실과에 대해서는 '먹지 말라'는 금지를 명령하신다. 그것이 바로 선악을 알게 하는 나무의 실과이다. 이 실과는 먹지 말라고 말씀하신다. 먹으라는 자유와 함께 먹지 말라는 금지를 동시에 명령하신 것이다.

자유와 금지를 동시에 명령하신 이유는 무엇인가? 그것은 자유와 금지가 연결되어 있기 때문이다. 자유의 축복은 금지의 질서를 지킬 때 보장된다는 것이다. 자유를 원한다면 금지를 해야 한다. 천국의 축복을 받으려면 천국의 질서를 지켜야 하는 것이다.

하나님의 명령은 사소한 것이 없다

아담이 받은 축복에 비하면 금지의 질서는 매우 작은 것에 불과하다. 이것이 에덴동산의 법칙이다. 선악과는 큰 축복을 위한 작은 희생이다. 아담은 작은 희생의 대가로 큰 축복을 받는 것이다.

희생이 작다고 해서 그것이 사소한 것인가. 결코 그렇지 않다. 하나님의 명령은 사소한 것이 없다. 사소해 보이는 것은 그저 인간의 생각일 뿐이다.

아담과 하와는 이 올무에 걸린 것이다. 그들은 지켜야 하고 지불해야 할 희생을 사소하게 여겼다. 그리고 경솔하게 행동한 것이다. 하나님의 입에서 나온 말씀은 사소한 것이 하나도 없다. 하나님의 명령은 더욱 그렇다. 인간은 반드시 이것을 깨달아야만 한다. 사소하게 보이는 것은 우리의 생각일 뿐이다. 하나님의 말씀과 명령은 결코 사소한 것이 없다.

몸으로 세운 질서

"주예수를 믿으라." 어떤 사람들은 이 말씀을 사소하게 여긴다. 그러나 그것은 그 사람의 생각일 뿐이다. "주예수를 믿으라." 이 말씀은 명령보다도 더 무서운 것이다. 왜냐하면, 이것은 하나님이 입으로 하신 말씀이 아니기 때문이다. 입으로 하신 명령도 아니다. 이것은 하나님이 자신의 몸으로 세운 질서이기 때문이다.

지금까지 하나님은 입에서 나오는 말씀으로 질서를 세우셨다. 때로는 하나님이 강하게 명령으로도 말씀하셨다. 지금까지의 율법은 모두 하나님이 말씀으로 세운 질서이다. 그러나 인간은 하나님이 말씀으로 세운 질서를 무시했다. 하나님의 말씀을 거역한 것이다. 하나님을 거역하는 죄의 대가가 얼마나 무섭고 두려운지를 인간들은 감지하지 못했다.

하나님의 말씀을 거역하고 범죄를 한 대가로 인간들은 영원한 멸망을 받게 되었다. 저주를 받을 수밖에 없는 인간들을 위해 하나님이 대신 저주를 받으신다. 이것이 예수그리스도의 십자가 사건이다. 범죄는 인간이 하고 저주는 하나님이 받은 것이다. 이렇게 하나님은 말씀으로 세운 율법의 질서를 자신의 몸을 희생재물로 드려서 완성하신다.

이것은 사랑이다

그리고 하나님은 율법이 아닌 새로운 질서를 세우신다. 그것은 바로 "내가 너희를 이토록 사랑한다."라는 것을 믿으라는 것이다. 이것이 바로 "주예수를 믿으라."이다. 이것은 하나님이 말씀으로 세운 질서가 아니다. 하나님이 자신의 몸을 바쳐서 만든 질서이다. 인간을 위한 희생재물로 자신의 몸을 드려서 만든 질서이다. 그래서 이것을 진리라고 하는 것이다.

이 진리는 우리의 이성적인 동의가 아니라 감정적인 동의가 필요하다. 하나님의 사랑에 우리의 마음이 감동해야 하는 것이다. 하나님이 말씀하시면 인간은 순종해야 한다. 그러나 인간은 순종하지 않았다. 하나님이 명령하시면 인간은 반드시 순종해야 한다. 그러나 인간은 순종하지 않았던 것이다.

인간은 하나님이 말씀해도 순종치 않고 명령해도 순종하지 않았다. 이런 인간을 하나님이 포기하셨는가? 그렇지 않다. 하나님은 이토록 불순종하는 인간을 위해 불순종의 벌을 자신이 지접

받으신다. 자신보다 더 사랑하는 독생자 예수그리스도를 불순종하는 인간을 위한 희생 재물로 삼으신 것이다. 이것은 기적과 같은 사랑이다. 이 사랑이 인류를 구원하는 것이다. 이것이 복음이다.

더 이상 양보는 없다

예수 십자가를 통하여 세상에는 복음이라는 새로운 영적 질서가 선포되었다. 그런데 놀라운 일들이 또 벌어졌다. 인간들이 이 질서조차도 무시하는 것이다. 하나님의 말씀과 명령을 무시하고 짓밟던 인간들이 이제는 희생 재물이 되신 하나님의 몸조차 짓밟고 무시하는 것이다. 이제 더 이상 하나님의 양보는 없다. 왜냐하면 이 복음의 질서는 하나님과 인간 사이의 마지노선이기 때문이다.

이제 더 이상 뒤로 물러섬이 없다. 이 질서조차도 거부하는 인간들에게는 하나님의 자비하심이 더 이상 없다. 이것이 복음이다. 복음은 인류에게 구원이라는 놀라운 선물을 주었지만 또한 완전한 징벌을 예비하셨다. 복음이라는 질서는 천국과 지옥을 구별하는 완벽한 경계이기 때문이다. 당신이 하나님께 속한 자인지 아니면 세상에 속하여 멸망 받을 자인지를 구분하는 완벽한 경계가 바로 복음이다.

"당신의 눈에는 아직도 복음이 선악과처럼 사소하게 보이는가?"

"무시하고 짓밟아도 될 것처럼 보이는가?"

정녕 죽으리라

하나님이 아담에게 명령하시었다. 하나님이 명령하시면 인간은 이유를 막론하고 순종해야 한다. 이것이 조물주와 피조물의 관계이다. 그런데 하나님은 아담에게 명령하시면서 그가 순종해야 하는 이유를 설명하신다. 그 이유는 아담이 죽기 때문이라는 것이다. 선악과를 먹으면 아담이 죽기 때문에 하나님의 명령을 순종해야 한다는 것이다.

하나님이 아담에게 하신 명령은 하나님을 위한 것이 아니라 아담을 위한 것이다. 이것은 아담이 순종해야 할 타당한 이유가 있는 명령이다. 아담은 자신의 유익을 위해서라도 하나님의 명령에 순종해야만 한다.

그러나 하나님은 때때로 부당한 명령도 하신다. 아브라함에게 이삭을 바치라는 명령이 가장 좋은 예이다. 100세에 낳은 아들을 제물로 바치라는 말도 안 되는 명령을 하나님이 아브라함에게 하셨다. 그러나 아브라함은 그 명령에 순종하는 모습을 보였다. 아브라함은 하나님께 사랑이 담긴 신뢰와 믿음을 보인 것이다. 부당한 명령조차 순종하는 아브라함을 하나님은 매우 기뻐하셨다. 하나님의 가장 부당한 명령은 인간을 위하여 독생자 예수를 희생의 재물로 삼으신 것이다. 하나님은 자신이 한 가장 부당한 명령을 자신이 스스로 이행하신다.

| 18절. 여호와 하나님이 가라사대 사람의 독처하는 것이 좋지 못하니 내가 그를 위하여 돕는 배필을 지으리라 하시니라 |

결심할 때와 행동할 때

하나님이 아담을 위하여 돕는 배필을 지을 것을 결심하신다. 그러나 그것을 바로 행동하시지 않으신다. 하나님은 결심을 하실 때가 있고 이를 실행하실 때가 있다. 하나님은 아브라함에게 아들을 주시기로 약속하신다. 하지만 아브라함은 하나님으로부터 아들을 받기까지 수십 년을 기다려야만 했다. 때와 기한은 우리에게 있는 것이 아니다. 하나님에게 있는 것이다.

하나님은 우리의 필요를 아시고 그것을 채우시기로 결정하신다. 하지만 그것을 실행하실 때를 우리는 기다려야 하는 경우가 많다. 그래서 우리는 초조다. 그리고 조급해지는 것이다. 그러나 조급한 마음은 하나님의 방식이 아니다. 하나님은 때때로 우리의 고통스러운 기다림의 시간을 통하여 우리의 모난 성품을 다듬으시기도 한다.

하나님이 명령하신 때

하나님이 아담에게 에덴동산을 지키고 다스리라는 것과 선악과를 먹지 말라는 명령을 하신 것은 여자를 만들기 전이었다. 이것은 우리에게 중요한 정보를 알려 준다. 바로 이 명령이 여섯째 날에 선포되었다는 것이다.

창세기 1장에서 여섯째 날에 하나님이 남자와 여자를 만드신다. 그런데 창세기 2장에서 하나님이 아담에게 명령하실 때에는 아직 여자가 만들어지지 않았다. 따라서 창세기 2장에서 하나님이 명령을 하신 때는 남자와 여자를 만들던 여섯째 날임을 알 수 있다. 여섯째 날에 하나님이 아담은 만들고 그에게 에덴동산을 지키고 다스리라고 명령하신 것이다.

하나님이 명령하신 의미

하나님이 아담에게 에덴동산을 지키고 다스리라고 명령하신 것은 어떤 의미가 있는가? 이것은 아담이 에덴동산에서 주인의 역할을 하라는 것이다. 하나님이 아담에게 에덴동산을 맡기신 것이다. 이것은 하나님이 에덴동산을 떠나야 할 때가 왔다는 것을 의미하기도 한다.

에덴동산에도 여섯째 날의 밤이 다가오기 때문이다. 여섯째 날과 일곱째 날의 사이에 저녁이 되고 아침이 되는 시간이 다가오기 때문이다. 하나님이 에덴동산을 떠나시는 것은 곧 세상을 떠나시는 것이다. 그 때에 온 세상은 영적으로 밤이 다가온다. 에덴동산을 아담이 지켜야 할 때가 다가오는 것이다.

하나님을 만난 인생에게도 밤은 다가온다. 우리는 어두운 밤에 수많은 유혹으로부터 우리를 지켜내야 한다. 아담은 에덴동산을 지켜내야 하는 임무를 받았듯이 우리도 우리 자신과 우리 가족과 우리 이웃을 지켜내야 한다. 이것이 바로 하나님의 사랑이다.

15

편

하나님과 아담과 하와의 만남

19. 여호와 하나님이 흙으로 각종 들짐승과 공중의 각종 새를 지으시고
아담이 어떻게 이름을 짓나 보시려고 그것들을 그에게로 이끌어
이르시니 아담이 각 생물을 일컫는 바가 곧 그 이름이라.
20. 아담이 모든 육축과 공중의 새와 들의 모든 짐승에게
이름을 주니라 아담이 돕는 배필이 없으므로
21. 여호와 하나님이 아담을 깊이 잠들게 하시니 잠들매 그가
그 갈빗대 하나를 취하고 살로 대신 채우시고
22. 여호와 하나님이 아담에게서 취하신 그 갈빗대로 여자를
만드시고 그를 아담에게로 이끌어 오시니
23. 아담이 가로되 이는 내 뼈 중의 뼈요 살 중의 살이라 이것을
남자에게서 취하였은즉 여자라 칭하리라 하니라.
24. 이러므로 남자가 부모를 떠나 그 아내와 연합하여 둘이

한 몸을 이룰 지로다.

25. 아담과 그 아내 두 사람이 벌거벗었으나 부끄러워 아니하니라.

| 19절. 여호와 하나님이 흙으로 각종 들짐승과 공중의 각종 새를 지으시고 아담이 어떻게 이름을 짓나 보시려고 그것들을 그에게로 이끌어 이르시니 아담이 각 생물을 일컫는 바가 곧 그 이름이라 |

유일한 공동 작업

하나님이 흙으로 각종 들짐승과 공중의 새를 지으시었다. 그리고 그것들을 이끌어 아담에게로 오셨다. 왜냐하면 아담이 어떻게 이것들의 이름을 짓는지 보시기 위해서이다. 이 장면은 하나님과 인간 사이에 죄가 개입되기 전에 벌어진 유일한 공동 작업이다.

아담의 입장에서 보면 상황은 이렇다. 그가 에덴동산에 있는데 멀리서 처음 보는 동물들이 몰려오는 것이다. 하나님이 마치 목자처럼 그들을 아담에게로 이끌어 오시는 것이다. 그 장면을 보는 아담은 흥분하지 않을 수 없었다.

아마도 그는 놀라움을 감추지 못하고 기뻐서 뛰고 웃고 소리를 질렀을 것이다. 그 모습을 바라보는 하나님의 심정은 어떠했을까? 마치 아기에게 선물을 준비한 아버지처럼 하나님은 기대와 설렘이 가득했었다. 하나님은 기뻐하는 아담을 보고 그의 마음도 기쁨에 벅찼을 것이다. 이것이 태초의 하나님과 인간의 관계였다.

아담이 동물의 이름을 짓다

동물을 보고 흥분했던 아담은 이제 자신 앞에 다가온 동물들의 모습을 하나씩 살피기 시작한다. 그들을 만져보기도 하고 안아보기도 하면서 그 동물들의 특성에 맞는 이름을 짓는 것이다. 아담은 하나님이 만드신 동물들이 너무 사랑스럽고 좋았다.

지금도 모든 나라의 어린 아이들은 대부분 동물들을 매우 좋아한다. 이것은 아마도 이때 동물을 보고 감동했던 우리 조상 아담의 유전적 정보가 우리 후손에게 전달되는 것이 아닐까라는 생각도 해본다.

하나님은 아담이 동물들의 이름을 짓는 모습을 물끄러미 바라보신다. 하나님은 아담이 행동하는 것 하나하나가 사랑스럽고 소중했던 것이다. 마치 어린 자녀가 걷고 말하고 행동하는 모습 하나하나가 아버지에게는 모두 감격스럽고 소중한 것처럼 지금 하나님은 그러한 감정으로 아담을 바라보고 있다. 이것이 태초의 하나님과 인간의 관계였던 것이다.

아담은 동물의 주인

하나님은 이미 인간을 향하여 명령하셨다.

"바다의 물고기와 하늘의 새와 땅의 모든 생물을 다스리라(창 1:28)"

모든 동물을 다스리는 것은 하나님이 사람에게 부여하신 임무인 것이다. 아담은 그 첫 번째 역할로 동물들의 이름을 지은 것이다. '이름을 짓는다.'는 것은 '내가 그의 주인'이라는 의미를 담고 있다. 아담은 모든 동물들의 주인이었던 것이다. 아담은 동물들을 다스릴 권리가 있었고 또한 모든 동물들을 하나님의 질서로 다스려야하는 의무가 있었던 것이다.

다스림의 방법은 하나님과 함께 동물의 이름을 지었던 것처럼 하나님께서 정하신 것을 하나님의 뜻대로 행하면 되는 것이다. 그렇게 동물들에게 하나님의 질서를 세워가는 것이 동물들을 다스리는 것이었다.

하나님과 함께 하는 일은 고단하고 힘든 일이 아니었다. 감격스럽고 즐거운 일이었다. 이것이 바로 하나님으로부터 부여받은 인간의 임무이다.

| 20절. 아담이 모든 육축과 공중의 새와 들의 모든 짐승에게 이름을 주니라 아담이 돕는 배필이 없으므로 |

| 21절. 여호와 하나님이 아담을 깊이 잠들게 하시니 잠들매 그가 그 갈빗대 하나를 취하고 살로 대신 채우시고 |

| 22절. 여호와 하나님이 아담에게서 취하신 그 갈빗대로 여자를 만드시고 그를 아담에게로 이끌어 오시니 |

갈빗대로 여자를 만드시다

아담이 동물의 이름을 짓는 일을 마치었다. 그러자 하나님은 그를 깊이 잠들게 하신다. 아담의 돕는 배필을 만들기 위해서이다. 하나님은 이미 아담을 위해 돕는 배필을 만들겠다는 결심을 하셨다. 그리고 그 결심을 이행하시는 것이다.

아담이 잠들자 하나님은 그의 갈빗대 하나를 취하여 그 갈빗대로 여자를 만드신다. 갈빗대 안쪽에는 사람의 생명과 직결되는 모든 장부가 들어있다. 따라서 갈빗대의 역할은 생명을 보호하는 것이다. 이것이 배필의 역할이다.

배필의 도움은 아담의 생명과도 직결되는 것이다. 배필이 아담을 잘 돕게 되면 아담은 생명을 보존할 수 있지만 배필이 아담을 잘못 돕게 되면 아담은 그의 생명에 타격을 입는 것이다. 이것이 배필이다.

돕는 자

하나님이 기대하는 여자의 역할은 무엇인가? 여자는 남자를 돕는 것이다. 남자를 돕는 것은 곧 남자의 일을 돕는 것을 의미한다. 하나님이 남자에게 역할을 부여하시었다. 여자는 남자에게 부여된 그 역할을 도와야 하는 것이다.

하나님의 동산을 지키고 다스리는 일을 남자에게 맡기셨다. 그러나 그것은 남자만 할 수 있는 일이 아니다. 여자가 돕는 자로서 역할을 해야 한다. 돕는다는 것은 지위의 높고 낮음을 말하는 것이 아니다.

하나님이 아담을 위하여 동물을 만들고 이끌어 와서 그가 이름을 짓도록 도우셨다. 하나님도 아담을 돕는 자로서 역할을 하신 것이다. 성령님도 돕는 자로서 역할을 하신다. 이처럼 돕는 것은 역할의 다름을 말한다. 하나님의 뜻을 세워가기 위하여 우리는 함께 도와야 하는 것이다.

여성의 역할

여자는 남자가 하나님으로부터 부여받은 역할을 잘 감당할 수 있도록 도와야 한다. 그리고 거룩함 가운데로 나갈 수 있도록 도와야 하는 것이다. 이것이 여성의 역할이다. 여성은 기도해야 한다. 늘 깨어서 주변을 살펴야 한다. 남편이 곁길로 가지 않도록 도와야 하는 것이다.

돕는 자는 도움을 받는 자보다 더 지혜롭고, 더 강해야 하며, 또한 더 섬세해야 한다. 이것이 여성이다. 하나님은 여성을 그렇게 만드셨다. 남자를 움직이는 것은 여성이다. 남자를 세우는 것도 여성이며 또한 남자를 무너뜨리는 것도 여성이다.

| 23절. 아담이 가로되 이는 내 뼈 중의 뼈요 살 중의 살이라 이것을 남자에게서 취하였은즉 여자라 칭하리라 하니라 |

그녀를 깊이 사랑하다

하나님이 아담의 갈빗대로 여자를 만드시고 그를 데리고 아담에게 오셨다. 깊은 잠에서 깨어난 아담은 그녀를 보는 순간 그녀의 아름다움에 빠져 버린다.

"이는 내 뼈 중의 뼈요 살 중의 살이라"

아담이 감격하며 말한다. 이것은 여자와 내가 한 몸이라는 뜻이다. 나는 그녀를 깊이 사랑한다는 말이다. 아담이 독처하는 고독을 깊이 느낄 새도 없이 하나님은 그의 필요를 채우셨다. 하나님이 아담의 배필을 준비하신 것이다. 이분이 하나님이시다. 하나님은 우리의 필요를 채우시는 분이다.

가족의 의미

인간의 고독은 배우자와 가족으로 해결된다. 이것이 바로 하나님이 우리 인간에게 허락하신 축복이다. 다른 곳에서 또는 다른 방법으로 인간의 고독을 해결하지 말라. 술과 쾌락으로는 우리의 고독이 해결될 수 없다. 취미 생활에 집중하는 것도 온전한 답이 아니다. 우리는 우리의 배우자와 가족의 관계를 통한 사랑에서 인간의 고독함은 해결되는 것이다. 이것이 바로 하나님이 우리에게 주신 가족이라는 선물이다.

배우자의 의미

우리의 배우자는 뼈가 부서지고 죽을 것 같은 고통의 시간이 지난 후 얻어지는 결과이다. 그래야만이 비로소 "내 뼈 중의 뼈요, 살 중의 살이다."라는 고백이 나오는 것이다. 죽음의 고통과 부서지는 고통의 시간이 지난 후 비로서 우리는 깊은 사랑을 할 수 있다.

그래서 우리는 인내해야 하는 것이다. 사랑이라는 관계의 열매는 인내가 만들어내는 열매이다. 우리는 가족을 사랑하기로 결정을 해야 한다. 그가 어떠한 결함을 갖고 있을지라도 우리는 그를 사랑하기로 결정하는 것이다.

그를 사랑하기로 결정했다면 우리는 인내해야 한다. 뼈가 부서지고 살이 찢겨가는 고난을 인내해야 하는 것이다. 인내가 고통스럽지만, 우리는 두려워하지 않는다. 왜냐하면, 하나님이 우리의 인내를 아시기 때문이다. 하나님의 사랑도 이와 같지 않은가? 하나님도 십자가에서 그의 몸이 부서지는 고통을 인내하셨다. 그렇게 우리를 사랑하신다는 것을 잊지 말아야 한다.

| 24절. 이러므로 남자가 부모를 떠나 그 아내와 연합하여 둘이 한 몸을 이룰지로다 |

| 25절. 아담과 그 아내 두 사람이 벌거벗었으나 부끄러워 아니하니라 |

부부란 무엇인가(Ⅰ)

남자가 부모를 떠나는 것이다. 부부가 되기 위해서는 부모를 떠나야 한다고 성경은 말한다. 부모를 떠나는 과정 없이는 부부는 하나의 육체가 될 수 없다.

부모는 혼인하는 자녀의 떠나보냄을 인정해야 한다. 이것이 바로 가정을 온전히 이루는 하나님 뜻이다. 자녀를 진정으로 사랑한다면 떠나보내야 한다. 자녀에게 집착하는 마음은 사랑이 아니다. 집착은 사랑을 가정한 학대요 폭력이다.

우리는 자녀가 어리숙한 자임을 안다. 그럼에도 불구하고 자녀를 인정하라. 믿어주어라. 속아주어라. 그리고 기다려라. 하나님도 당신을 속아주었다. 당신은 얼마나 많이 하나님을 속였는가? 알면서도 속아주고 또 믿어주고 또 기다려 주는 것 이것이 바로 사랑이다. 우리가 할 수 있는 것은 그를 위해서 기도하는 것뿐이다. 그리고 하나님께 의탁하는 것이다.

부부란 무엇인가(Ⅱ)

아내와 연합하여 한 몸을 이루는 것이다. 이것은 부부는 육체적으로 하나가 되어야 한다. 왜냐하면 부부는 한 몸에서 나왔기 때문이다. 육체적으로 하나가 되지 못하면 온전한 부부가 될 수 없다. 부부관계는 하나님이 인간에게 허락하신 하나가 됨의 매우 중요한 요소이다. 죄악은 부부간의 육체적으로 하나가 됨을 변질시키고 파괴한다. 부부간의 한 몸이 되기 위한 노력은 매우 아름답고 소중한 것이다.

부부란 무엇인가(Ⅲ)

부부란 벌거벗었으나 부끄러워 않는 것이다. 이것은 부부가 감정적으로 하나가 되는 것이다. 내 옷으로 가려진 부분은 아무도 침범할 수 없는 나만의 영역이다. 부부란 바로 그곳을 공유하는 것이다. 감추고 싶은 것, 수치스러운 것, 고통스러운 것을 함께 나눌 수 있는 그 사람이 바로 나의 아내요 남편이다.

우리는 남편의 약점을 감싸야 한다. 그의 아픔에 함께 동참하고 함께 아파하며 그를 위한 영원한 지지자가 되어야 한다. 우리는 또한 아내의 연약함을 이해하고 감싸야 한다. 그녀를 내 몸처럼 아끼고 보호하며 사랑해야 한다. 이것이 바로 한 몸을 이루는 것이다.

부부란 무엇인가(Ⅳ)

사람은 범죄를 하면 숨게 된다. 범죄를 하게 되면 부부간에도 숨기게 된다. 숨기기 시작하면 관계는 끊어진다. 관계의 단절은 곧 사랑의 단절로 연결된다. 사랑이 끊어지면 서로 피하고 감추게 된다. 사실 같은 거짓말을 하게 되며 서로에게 방어적인 행동을 하게 되는 것이다.

숨기고 피하며 방어적인 행동을 한다면 그것은 그에게 용서가 필요하다는 뜻이다. 용서할 수 있는 것은 용서하고 수용할 수 있는 것은 수용해야 한다. 우리가 용서할 수 없는 것이 무엇인가? 하나님이 우리를 용서하신 것을 생각한다면 우리는 용서하지 않을 것이 없다.

부끄러움을 들추지 말아야 한다. 하나님도 우리를 수용하셨다. 아담과 하와가 선악과로 범죄를 했을 때에도 하나님은 그들을 수용하셨다. 수치심에 떨고 있는 아담과 하와에게 하나님은 가죽옷을 지어 입히셨다. 하나님은 아담과 하와의 부끄러움을 감추어 주신 것이다.

우리는 배우자의 부끄러움을 들추어 내지 말아야 한다. 자녀의 허물을 들추어 내지 말라. 아내의 허물을 들추어 정죄하지 말라. 이것은 하나님 뜻이 아니다. 그를 위해 기도하라. 그리고 그를 끝까지 사랑하라. 이것이 하나님의 뜻이요 사랑이다.

16편 : 뱀이 여자를 유혹하다

17편 : 하나님의 심판이 시작되다

18편 : 하나님의 징벌이 시작되다

19편 : 아담과 하와가 에덴동산에서 쫓겨나다

창세기 3장

창세기 3장을 시작하면서……

<에덴동산에 밤이 찾아오다>

창세기 3장은 뱀의 등장으로 시작된다. 하나님의 성역인 에덴동산에도 뱀이 찾아왔다. 에덴동산에 영적인 밤이 온 것이다. 하나님의 영광이 떠나자 에덴동산도 세상의 여느 곳처럼 낮에는 태양빛에 의지하고 밤에는 달빛에 의지하여 사는 동산이었다.

하나님은 아담에게 에덴동산을 맡기셨다. 아담은 하나님의 말씀대로 에덴동산을 지켜내야만 한다. 태양이 지면 에덴동산에도 어둠이 내려앉는다. 어둠의 유혹이 찾아오는 것이다. 아담은 하나님의 말씀을 지켜내야 한다. 힘들더라도 하나님의 언약은 지켜야 하는 것이다.

우리 인생에도 언제든 밤이 찾아온다. 유혹도 찾아오고 때로는 고난도 다가오는 것이다. 그럼에도 불구하고 우리는 하나님의 말씀을 지켜내야만 한다. 우리는 거룩함의 질서를 지켜내야만 하는 것이다. 이것이 하나님의 뜻이다. 밤은 오래 가지 않는다. 하나님이 반드시 다시 오시기 때문이다. 우리는 다시 오실 하나님을 맞이할 준비를 해야 하는 것이다.

우리의 유혹도 우리의 고난도 영원하지 않다. 하나님이 다시 오실 때 그것들은 사라질 것이다. 우리는 그분 앞에 서야 한다. 하나님을 맞이하는 그 순간, 당신은 그분을 반가이 맞이할 것인가? 아니면 아담처럼 나무 뒤에 숨어서 떨고 있을 것인가?

16
편

뱀이 여자를 유혹하다

1. 여호와 하나님의 지으신 들짐승 중에 뱀이 가장 간교하더라 뱀이
여자에게 물어 가로되 하나님이 참으로 너희더러 동산
모든 나무의 실과를 먹지 말라 하시더냐
2. 여자가 뱀에게 말하되 동산 나무의 실과를 우리가 먹을 수 있으나
3. 동산 중앙에 있는 나무의 실과는 하나님의 말씀에 너희는 먹지도 말고
만지지도 말라 너희가 죽을까 하노라 하셨느니라.
4. 뱀이 여자에게 이르되 너희가 결코 죽지 아니하리라.
5. 너희가 그것을 먹는 날에는 너희 눈이 밝아 하나님과 같이 되어
선악을 알 줄을 하나님이 아심이니라.
6. 여자가 그 나무를 본즉 먹음직도 하고 보암직도 하고 지혜롭게 할 만큼
탐스럽기도 한 나무인지라 여자가 그 실과를 따먹고 자기와 함께 한
남편에게도 주매 그도 먹은지라.

1절. 여호와 하나님의 지으신 들짐승 중에 뱀이 가장 간교하더라

조건 없는 사랑

하나님은 순전한 사람을 사용하듯 사탄은 간교한 사람을 사용한다. 간교한 사람은 간사하고 교활하게 속이는 자이다, 그들은 사람을 사랑하지 않는다. 이용만 한다. 조건 없는 사랑을 받지 못하면 사람은 간교해지게 된다.

그래서 우리는 사람을 사랑하되 조건 없이 사랑해야 한다. 자녀를 사랑하되 조건 없이 사랑해야 한다. 조건 없이 사랑할 수 있는 마음을 하나님께 구해야 하는 것이다. 조건을 자꾸 생각하고 대가를 기대하게 되면 우리의 마음이 간교하게 되기 때문이다.

간교한 성품

성품이 간교한 사람이 있을 수 있다. 우리가 만약 그렇다면 우리는 기도해야 할 것이다. 내안에 간교한 성품이 떠나가도록 기도해야 한다. 사람을 속이고 이용하는 성품이 떠나가도록 기도해야 한다. 하나님으로부터 오는 조건 없는 그 사랑을 경험하게 된다면 우리의 간교한 성품은 사라질 것이다.

우리의 간교한 성품과 생각을 고치지 않는다면 사탄은 언젠가 우리를 이용한다. 어쩌면 이 세상은 간교한 사람이 성공하고 잘되는 것처럼 보일 수 있다. 그러나 반드시 우리가 잊지 말아야 할 것은, 사랑과 용서 그리고 배품과 섬김을 하나님이 원하신다는 것이다. 하나님이 원하시는 것을 하는 자가 결국 승리하는 자이다. 하나님은 바로 이런 사람을 찾으신다.

| 1절. …뱀이 여자에게 물어 가로되 하나님이 참으로 너희더러 동산 모든 나무의 실과를 먹지 말라 하시더냐 |

에덴동산에 뱀이 나타나다

창세기 3장은 에덴동산에 뱀이 등장하는 것으로 시작된다. 그러나 사실 등장한 것은 뱀이지만 그 본질은 사탄인 것이다. 사탄이 간교한 뱀을 이용하여 에덴동산에 등장한 것이다. 그러면 어떻게 사탄이 에덴동산에 들어올 수 있었는가? 에덴동산은 하나님의 임재를 하는 지성소와 같은 곳이다. 이곳은 하나님의 영광의 빛으로 둘린 성역이다.

그런데 어떻게 이곳에 사탄이 들어올 수 있는가? 사탄은 이미 심판을 받아서 하나님의 나라에서 쫓겨난 자들이다. 하나님의 나라에서 쫓겨났다는 것은 다시 하나님의 영역으로 들어올 수 없다는 것을 의미한다. 에덴동산은 하나님이 세상에 만드신 하나님의 영역이다. 그곳은 세상으로부터 구별된 곳이다. 지금 사탄이 이곳에 들어온 것이다.

우리는 에덴동산이 만들어진 창세기 2장의 시대가 여섯째 창조의 날이라는 것을 앞에서 살펴보았다. 하나님은 여섯째 날 아담에게 에덴동산의 질서를 당부하였다. 아담이 에덴동산에서 '해야 할 것'과 '해서는 안 되는 것'을 분명하게 말씀하신 것이다.

하나님은 에덴동산을 아담에게 맡기셨다. 왜냐하면, 하나님께서 에덴동산을 떠나야 할 때가 다가왔기 때문이다. 여섯째 날의 창조가 끝났기 때문이다. 하나님이 세상을 떠나서 하나님의 나라로 돌아가면 이 세상은 영적으로 밤이 오게 된다.

에덴동산도 마찬가지이다. 물론 태양에 의한 낮과 밤은 교차하지만 하나님의 영광의 광채는 에덴동산에서 사라지는 것이다. 그래서 하나님은 에덴동산을 지키라고 아담에게 명하셨다. 동물을 하나님의 질서로 다스리라고 명령하셨다. 왜냐하면 하나님은 에덴동산에 사탄이 다가올 것을 아셨기 때문이다. 그래서 아담에게 대비를 하라고 명령하신 것이다. 그리고 하나님은 하와를 만드신 후 세상을 떠나 하나님의 나라로 돌아간 것이다.

세상에 여섯째 날 밤이 왔다. 하나님의 농산에도 밤이 다가오는 것이다. 에덴동산은 세상의 여느 곳처럼 태양에 의하여 낮과 밤을 맞이하게 되었다. 아담과 하와는 이 밤에 어둠의 세력으로부터 에덴동산을 지켜내야 한다. 그리고 하나님의 질서를 일탈하는 동물들을 다스려야 한다. 그리고 자신의 내면에서 하나님의 명령을 일탈하고자 하는 유혹을 이겨내야 하는 것이다. 이것이 여섯째 날

밤의 일이다.

간교한 말

하나님이 없는 그 동산에 뱀이 나타났다. 어쩌면 그놈은 창세기 2장에서 아담이 이름을 지어 주었던 그 동물들 중의 하나인지도 모른다. 에덴동산에는 하나님이 지으신 많은 동물들이 있을 수 있다. 그러나 지금 등장한 이 뱀은 다른 동물들과는 달랐다. 그의 눈에는 간사함과 교활함이 있었다. 그뿐만이 아니었다. 그의 육체 속에는 사탄이 들어간 것이다. 사탄이 뱀의 형상을 입고 에덴동산까지 들어왔다.

간교한 뱀이 하와에게 대화를 시도한다. 이 대화는 하와에게는 일상적인 평범한 대화일 수 있다. 하지만, 뱀과 사탄은 사악한 의도를 가지고 준비한 계획된 대화이다. 이런 대화는 사람을 파멸에 빠뜨린다.

대화는 관계를 맺는 수단이다. 뱀은 하와를 사랑하지 않는다. 사랑이 없는 말, 간교한 말로 하와를 유혹하고 있는 것이다. 우리는 이런 대화를 조심해야 한다. 피해야 하는 것이다. 우리는 간교한 마음을 버리고 사랑을 말하고 진실을 말하고 위로를 말해야 한다.

뱀의 유혹이 시작되다

뱀은 여자에게 질문을 한다.

"하나님이 참으로 너희더러 동산 모든 나무의 실과를 먹지 말라 하시더냐"

이것은 매우 간교한 질문이다. 왜냐하면 뱀은 이미 모든 것을 알고 있기 때문이다. 하나님이 선악을 알게 하는 나무의 실과를 제외하고 동산 모든 나무의 실과를 먹을 수 있다는 것을 뱀은 알고 있었다. 그럼에도 마치 아무것도 모르는 것처럼 뱀은 질문을 한다. 왜냐하면, 여자를 유혹하고 속이기 위해서이다. 사탄은 간사하고 교활한 전략을 하와에게 쓰고 있는 것이다. 그녀의 마음을 움직여서 선악과를 먹게 하려는 것이다. 유혹하고 속여서 범죄를 하게 하는 것은 사탄의 전략이다.

우리는 이런 사람과 사귀거나 만나서는 안 된다. 그들은 우리를 속이고 우리에게 범죄를 하게하기 때문이다. 에덴동산은 거룩한 곳이지만 방심하면 사탄의 유혹을 당할 수도 있다. 예수님을 모신 우리 마음은 거룩한 에덴과 같지만 우리도 방심하면 사탄으로부터 유혹당할 수 있는 것이다.

이 세상은 영적으로 매우 독특한 곳이다. 경계하지 않으면 유혹의 공격을 당하는 곳이다. 심지어 에덴동산조차도 영적으로 깨어 있지 않고 경계하지 않으면 유혹의 공격을 받을 수 있다.

| 2절. 여자가 뱀에게 말하되 동산 나무의 실과를 우리가 먹을 수 있으나 |

| 3절. 동산 중앙에 있는 나무의 실과는 하나님의 말씀에 너희는 먹지도 말고

하와의 자의적인 판단

뱀의 간교한 질문에 여자가 답변을 하기 시작한다. 그런데 선악을 알게 하는 나무의 실과에 대한 여자의 답변은 하나님이 말씀하신 것과는 약간 다르다. 하나님은 아담에게 "먹지 말라"고 말씀하시었다. 그러나 여자는 이를 "먹지도 만지지도 말라"고 표현한다. 이 표현에는 '하나님이 먹지도 못하게 했을 뿐 아니라 만지지도 못하게 했다. 이만큼 나의 자유를 제한했다'는 서운함이 묻어 있는 표현이다.

또한 "네게 먹는 날에는 정녕 죽으리라"라는 하나님의 말씀을 "죽을까 하노라"라는 표현한다. 이것은 '설마 먹는다고 죽겠나?'라는 의구심이 묻어 있는 표현이다. 여자는 하나님의 명령을 자의적으로 해석하고 있는 것이다. 먹을 수 있는 자유가 제한되었다는 섭섭함과 설마 조금 먹는다고 죽을까라는 의구심이 이미 여자의 마음을 흔들었던 것이다.

하와가 빈틈을 보이다

범죄란 하나님의 말씀에 대한 작은 불신에서 시작되는 것이다. 사탄은 이를 놓치지 않는다. 하와는 사탄에게 이미 자신의 하나님에 대한 원망과 불신의 틈을 보인 것이다. 하와가 틈을 보이자 사탄의 유혹은 시작되는 것이다. 우리가 틈을 보이지 않으면 사탄은 우리를 공략할 수 없다. 그러나 우리가 틈을 보이면 사탄은 그 기회를 놓치지 않는다. 하나님의 말씀에 대한 무한한 신뢰와 지지를 하지 않으면 사탄은 그 틈을 이용하는 것이다. 그리고 유혹을 시작하는 것이다. 이것이 사탄의 인간을 공략하는 방법이다.

처음부터 거절하라

사탄은 예수님도 유혹했다. 그때 예수님은 사탄의 질문에 정반대되는 말씀으로 응수하였다. 또는 "잠잠하라" "떠나가라" 등 그들의 말을 무시해 버린다. 이것이 예수님의 사탄유혹을 대처하는 전략이다.

우리는 사탄이 유혹하는 말에 대하여 긍정적인 반응을 보여서는 안 된다. 부정적인 입장을 고수하거나 무시하는 반응을 보여야 하는 것이다. 우리는 마음속에서 들리는 각종 유혹의 소리에 어떻게 반응할 것인가? 인터넷의 유혹, 정욕의 유혹, 중독의 욕구에 어떻게 대응할 것인가?

처음부터 거절해야 한다. 그래야만 다음 거절은 쉬워지는 것이다. 처음 유혹을 용납하면 그 다음부터는 거절하기 어렵게 된다. 이것이 사탄 유혹의 특징인 것이다. 유혹을 당할만한 자리는 처음부터 피하는 것이 바람직한 대응 방법이다.

우리는 유혹을 쉽게 여겨서는 절대로 안 된다. 유혹은 매우 강력한 힘을 가지고 있다. 연약하고 부드러워 보이지만 그 힘은 매우 강력한 것이다.

유혹의 힘

사탄과 긍정적으로 묶이기 시작하면 하나님께 긍정적으로 반응하기 어렵게 된다. 우리는 사탄과 묶이지 않기 위해서는 유혹을 단호하게 거절해야 한다. 예수님도 광야에서 금식하실 때 사탄으로부터 세 번의 유혹을 받는다. 예수님은 이를 다 거절하고 마지막에는 사탄을 향하여 단호하게 꾸짖는다.

"사탄아 물러가라"

사탄은 우리를 한번만 유혹하지 않는다. 우리를 여러 차례 유혹할 것이다. 우리는 이를 거절해야 한다. 우리가 사탄의 유혹을 세 번 이상 거절할 수 있으면 사탄은 우리를 유혹할 수 있는 힘을 많이 상실하게 된다. 그러나 유혹을 한번 수용하기 시작하면 그 다음부터는 유혹을 거절하기 힘들어지는 것이다. 이것이 유혹의 특징이다.

| 4절. 뱀이 여자에게 이르되 너희가 결코 죽지 아니하리라 |

| 5절. 너희가 그것을 먹는 날에는 너희 눈이 밝아 하나님과 같이 되어 선악을 알 줄을 하나님이 아심이니라 |

사탄은 진실을 말하지 않는다

뱀의 질문에 여자가 빈틈을 보이자 뱀은 즉시 단호하고 강력하게 공략하기 시작한다. 여자의 "죽을까 하노라"는 말에, 뱀은 "결코 죽지 아니하리라"라고 응수한다. 그리고 사탄은 그 이유를 설명한다. '너희가 그것을 먹는 날에는 너희 눈이 밝아 하나님과 같이 되어 선악을 알 줄을 하나님이 아신다.'

사탄의 이 말은 사실인가? 아담과 하와는 선악과를 먹고 그들의 눈이 진짜로 밝아진다(창3:7) 그리고 그들은 하나님과 같이 선악을 알게 된다(창3:22) 사탄이 한 말이 거짓말인가? 그렇지 않다. 그가 한 말은 사실이다. 그러나 우리가 반드시 기억해야 할 것이 있다. 사탄의 말은 사실이지만 진실은 아니다.

사탄이 말한 것처럼 선악과를 먹게 되면 사람은 눈이 밝아지고 하나님처럼 선악을 알게 된다. 하지만 그는 하나님이 하신 말씀처럼 반드시 죽게 되는 것이다. 사탄이 진정한 사실을 말한다면 '그것을 먹는 날에는 당신이 반드시 죽는다.'는 것까지 이야기를 해야 한다.

사탄은 사실을 말하지만 그는 매우 중요한 사실을 이야기하지 않는다. 그래서 사탄의 이야기는 사실이지만 진실이 아닌 것이다. 사탄은 진실을 말하지 않는다. 그저 사실을 말할 뿐이다. 그래서 우리는 사탄의 유혹을 이기기가 결코 쉽지 않은 것이다.

사탄은 결코 허무맹랑하지 않다. 그는 매우 사실적이고 매우 정확한 이야기를 하기 때문이다. 그러나 그것은 진실이 아니다. 왜냐하면 그 말에는 사랑이 없기 때문이다. 사랑이 없는 사실은 사람을 죽이는 것이다. 사실에 사랑이 담겨야만 진실이 되는 것이다.

사탄은 사람을 유혹하는데 몇 가지 특징을 가지고 있다.

사탄의 특징(Ⅰ)

사탄은 그의 유혹에 조금이라도 긍정적인 반응을 보일 때 공격을 시작한다. 따라서 우리는 사탄의 유혹에 조금이라도 긍정적인 반응을 보여서는 안 된다.

그들의 목적은 단 하나이다. 사람을 파멸시키는 것이다. 하나님과 사람의 관계를 깨뜨리고, 가족의 관계를 깨뜨리며, 이웃과 불화하게 하고, 우리의 내면의 질서를 무너뜨리는 것이다.

사탄의 특징(Ⅱ)

사탄의 유혹은 '하나님과의 관계가 멀어지게 하는 모든 것들'이다. 사탄의 유혹은 멀리 있지 않다. TV, 인터넷, 영화, 게임, 일, 이성 등 어떤 것이라도 하나님과의 관계를 깨뜨리고 그리고 사람과 사람의 관계를 깨뜨릴 만큼 지나치게 중독되는 것은 우리가 주의해야 한다.

그것들이 당신과 하나님과의 관계에 어떠한 영향을 주는지 민감해야 한다. 이 사람이 바로 깨어있는 하나님의 사람이다. 하나님과 친하고 싶은가? 그분을 가까이 모시고 싶은가? 그렇다면 영적으로 민감해야 한다.

사탄의 특징(Ⅲ)

'사탄의 유혹은 사소해보이나 결코 사소한지 않다.'는 것이다. 선악과의 범죄가 바로 그것이다. 어쩌면 매우 사소해 보이지만 그것은 우리의 운명을 흔들어 놓을 만큼 깊고 어두운 함정이다.

사탄의 유혹은 하나님의 언약을 사소한 것으로 만든다. 별거 아닌 것으로 만드는 것이다. 그러나 하나님의 언약은 결코 사소한 것이 아니다. 우리는 하나님의 언약을 경외함으로 지키고 준행해야 한다.

'이 정도는 괜찮겠지!'라는 생각을 주의해야 한다. 어떤 유혹도 사소하게 보지 말아야 한다. 사탄의 유혹은 사소한 것이 결코 없다. 그래서 성경은 "근신하라. 깨어라. 너희 대적 마귀가 우는 사자 같이 두루 삼킬 자를 찾나니(벧전5:8)"라고 말하는 것이다.

| 6절. 여자가 그 나무를 본즉 먹음직도 하고 보암직도 하고 지혜롭게 할 만큼 탐스럽기도 한 나무인지라 여자가 그 실과를 따먹고 자기와 함께 한 남편에게도 주매 그도 먹은지라 |

선악과를 먹다

사탄과 대화를 나눈 한 후 여자가 선악과나무를 보았다. 그러자 여자의 눈에 그 나무의 열매가 먹음직도 하고 보암직도 하고 지혜롭게 할 만큼 탐스럽게 보이기 시작한다. 이 말을 한마디로 요약하면 '사탄에게 마음을 열자, 선악과가 새롭게 보였다.'는 뜻이다.

사탄의 진정성이 없는 사실에 귀를 기울인 여자는 사탄의 유혹에 넘어가 버렸다. 결국 여자는 선악을 알게 하는 실과를 먹게 된다. 여자는 자기만 먹은 것이 아니었다. 남편에게도 주매 그도 먹은 것이다. 에덴동산을 사탄의 침입으로부터 지켜내고 하나님의 질서를 혼란시키는 동물을 다스려내야 하는 아담은 그의 역할을 하지 못했다.

아내가 내미는 금지의 열매를 아담은 거절하지 않고 먹고 말았다. 다스려야 할 동물에게 다스림을 받는 수치스러운 장면이 벌어진 것이다. 하와는 남편 아담이 하나님으로부터 받은 명령을 잘 이행할 수 있도록 돕는 배필이다. 그러나 그녀는 그 역할을 하지 못했다. 자신과 남편과 또한 모든 인류를 죽음으로 몰아넣은 것이다.

유혹은 매우 강하다

유혹은 우리를 넘어트릴 만큼 강력하다. 유혹을 쉽게 생각하면 큰코다치는 것이다. 유혹은 작은 것에서부터 시작된다. 그러나 결국 유혹은 우리를 넘어뜨리고 우리의 가족을 넘어뜨린다. 우리의 영혼을 파멸시키는 것이다. 유혹을 쉽게 이길 수 있는 방법은 초기에 거절하는 것이다. 유혹을 초기에 거절하지 못하면 유혹을 쉽게 이길 수 없다.

사탄은 우리에게 범죄를 하게 할 때 유혹이라는 방법을 사용한다. 사탄은 우리를 협박하여 강제로 타락시키지 않는다. 우리를 부드럽게 유혹한다. 우리가 스스로 범죄를 하도록 하는 것이다.

이것이 유혹의 습성이다. 유혹에 귀를 기울이고, 유혹을 묵상하게 되면 결국 우리는 타락을 하게 된다.

유혹에 귀 기울이기 시작하면 범죄 할 이유들이 생기게 되어있다. 이것이 바로 선악과의 이야기이다. 선악과 사건은 우리 인류에게 있어서 돌이킬 수 없는 가장 안타까운 일이다. 이 범죄로 인류는 에덴동산을 잃고 하나님과의 관계도 단절되었으며, 죽음과 고통의 삶이 시작되었기 때문이다.

17편

하나님의 심판이 시작되다

7. 이에 그들의 눈이 밝아 자기들의 몸이 벗은 줄을 알고
무화과나무 잎을 엮어 치마를 하였더라.
8. 그들이 날이 서늘할 때에 동산에 거니시는 여호와 하나님의
음성을 듣고 아담과 그 아내가 여호와 하나님의 낯을 피하여
동산 나무 사이에 숨은지라.
9. 여호와 하나님이 아담을 부르시며 그에게 이르시되 네가 어디 있느냐
10. 가로되 내가 동산에서 하나님의 소리를 듣고 내가 벗었으므로
두려워하여 숨었나이다.
11. 가라사대 누가 너의 벗었음을 네게 고하였느냐 내가 너더러 먹지 말라
명한 그 나무 실과를 네가 먹었느냐.
12. 아담이 가로되 하나님이 주셔서 나와 함께하게 하신 여자 그가
그 나무 실과를 내게 주므로 내가 먹었나이다.

13. 여호와 하나님이 여자에게 이르시되 네가 어찌하여 이렇게 하였느냐

여자가 가로되 뱀이 나를 꾀므로 내가 먹었나이다.

| 7절. 이에 그들의 눈이 밝아 자기들의 몸이 벗은 줄을 알고 무화과나무 잎을 엮어 치마를 하였더라 |

벌거벗은 모습이 보이다

아담과 하와는 선악과를 먹자 그들의 눈이 밝아졌다. 그러자 그동안 못 보던 것을 보게 된다. 그것이 바로 자신의 벌거벗은 모습이다. 그들은 자신의 벌거벗은 모습이 수치스럽게 보였다. 선악과를 먹기 이전에도 그들은 벌거벗었다. 그러나 그 때의 벌거벗음은 그들에게 전혀 문제가 되지 않았다. 왜냐하면 이들은 그것이 수치스러운 것임을 느끼지 못했기 때문이다.

아담과 하와는 수치심이라는 감정이 없었다. 그러나 선악과를 먹은 후 그들은 수치심이라는 감정이 생긴 것이다. 수치심이라는 감정의 눈으로 자신을 바라보자 말할 수 없이 부끄러운 것이다 그들은 무화과나무 잎을 엮어 자신의 벌거벗은 몸을 감추기 시작한다.

수치심은 하나님이 인간에게 준 감정이 아니었다. 바로 선악과로 인하여 생긴 감정인 것이다. 하나님은 인간에게 수치심이라는 감정을 준 적이 없다. 아담이 선악과를 먹는 순간 생긴 감정이다.

수치심이라는 감정을 통해서 그들은 자신들의 벌거벗은 모습을 보기 시작한 것이다. 이것이 바로 범죄를 한 인간의 모습이다.

나약함을 수치심으로 바꾸다

아담과 하와는 원래부터 벌거벗은 존재였다. 이것은 부끄럽고 수치스러운 존재라기보다는 나약하고 의존적인 존재라는 의미이다. 마치 어린 아기의 벌거벗은 모습은 부끄러움의 표징이 아니요 나약함의 표징인 것과 같다.

이처럼 아담은 하나님을 의존해야만 하는 나약한 존재였다. 아기가 부모의 도움이 없이는 살 수 없는 것처럼 아담은 하나님의 도우심이 없이는 살 수 없는 존재였다. 그러나 선악과는 하나님을 의존할 수밖에 없는 나약함을, 하나님을 떠날 수밖에 없는 수치심으로 바꾸어 버린 것이다.

하나님을 의존해야만 하는 아담은 결국 선악과를 먹게 됨으로써 하나님을 떠날 수밖에 없는 상황이 된 것이다. 그들은 자신들의 수치스러움을 무화과나무 잎을 엮어 가리기 시작한다. 나뭇잎으로 인간의 수치심을 가리는 것이다. 아담은 수치심이라는 병든 감정을 무화과 나뭇잎 뒤에 숨긴 것이다. 이것이 우리 인간의 모습이다. 인간은 수치심을 가릴 수 없다. 우리는 단지 우리의 눈을 가릴 뿐이다. 나의 수치스러움은 아무도 모를 것이라고 자신을 스스로 위로하는 것뿐이다.

| 8절. 그들이 날이 서늘할 때에 동산에 거니시는 여호와 하나님의 음성을 듣고 아담과 그 아내가 여호와 하나님의 낯을 피하여 동산 나무 사이에 숨은지라 |

하나님의 음성이 들리다

날이 서늘한 어느 날, 에덴동산을 거니시는 하나님의 음성이 그들에게 들리기 시작하였다. 하나님께서 에덴동산에 임재하신 것이다. 하나님은 안식일에 거룩함의 질서를 선포하시면서 에덴동산에 임재를 하셨다. 세상은 일곱째 날의 새로운 아침을 맞이한 것이다.

이제는 창조의 시대가 아니라 안식의 시대가 도래 하였다. 세상은 하나님의 질서로 운영되는 시대가 돌아온 것이다. 하나님은 인간과 함께 거룩함의 질서가 지배하는 에덴동산에서 안식하기를 원하셨다. 하나님은 그 기대를 품고 에덴동산에 임재하신 것이다.

그들이 숨기 시작하다

에덴동산에는 아담과 하와가 있었다. 그들은 하나님의 임재하심을 간절하게 기다렸을 것이다. 왜냐하면, 그들에게 있어서 하나님은 아버지였기 때문이다. 그들은 하나님의 음성이 들리면 언제든 뛰어나가 하나님을 반갑게 맞이하고 싶었던 것이다.

그러나 선악과를 먹은 후 그들의 반응은 달라졌다. 하나님이 에덴동산에 나타나시자 그들은 숨기를 시작한다. 동산에 거니시는 하나님의 음성이 들리자 아담과 하와가 동산 나무 사이에 숨는 것이다. 그토록 보고 싶고 기다리던 하나님이 이제는 그들에게 공포의 대상이 되어 버렸다. 인간의 수치심이란 감정은 사랑의 하나님을 두려운 하나님으로 바꾼다.

| 9절. 여호와 하나님이 아담을 부르시며 그에게 이르시되 네가 어디 있느냐 |

아담을 부르시다

여호와 하나님이 드디어 아담을 부르신다. 아담은 언제까지나 나무 뒤에 숨어 있을 수는 없다. 이제 심판의 때가 왔다. 죄의 값을 지불해야 할 때가 온 것이다. 두렵고 수치스럽지만 하나님을 직면해야 할 때가 온 것이다.

아담을 부르시는 하나님의 마음은 또한 어떠했을까? 아담은 하나님의 자녀이다. 또한 그들은 하나님의 천지창조의 목적이었다. 하나님은 그들과 함께 에덴동산에서 안식하기를 기대하였다. 그래서 하나님은 안식의 날을 선포하신 것이다. 그러나 아담은 하나님의 모든 기대를 저버렸다. 하나님의 안식을 망쳐놓은 것이다. 하나님은 안식일을 선포했지만 인간이 하나님의 안식일을 더럽힌 것이다.

하나님의 기대를 저버리다

안식일에 선포하신 거룩함의 질서는 세상의 영적 질서가 되었다. 특히 하나님이 임재하신 에덴동산에서의 거룩함은 지성소 안에서의 거룩함처럼 절대적인 질서가 된 것이다. 거룩하지 않은 것은 에덴동산에 있을 수 없게 되었다.

그런데 선악과를 먹은 아담과 하와가 그 질서에 위배된 것이다. 그들은 하나님의 영광이 둘린 거룩한 에덴동산에서 더 이상 살 수 없게 되었다. 그들은 하나님과 함께 할 수 없게 된 것이다.

아담을 부르시는 하나님의 심정은 안타까움이었다. 인간이 하나님의 자녀로서 하나님의 질서에 순응하기를 기대하셨다. 인간이 에덴동산에서 하나님과 동행하는 축복을 누린 후 영원히 하나님의 나라에서 함께 하기를 기대하셨다. 그러나 인간은 하나님의 기대를 저버린 것이다.

육체의 욕망

인간은 선택의 자유의지를 지닌 영적 존재이다. 아담은 자신의 의지로 하나님의 말씀에 순종하기를 선택한 것이 아니라 육체의 욕망을 선택하였다. 육체의 욕망은 범죄가 아니다. 단지 하나님의 말씀과 배치되는 욕망이 범죄인 것이다.

하나님은 아담과 하와에게 에덴동산의 모든 실과를 먹을 수 있는 자유를 주셨다. 아담과 하와는 그들의 욕망을 따라서 실과를 먹을 수 있는 자유가 있다. 하지만 먹지 말라한 과일이 있는 것이다. 그것은 먹지 말아야 한다. 그것이 선악과이다.

하나님은 인간의 모든 욕망을 금지한 것이 아니다. 금지해야 할 것을 금지하셨다. 하나님은 인간의 모든 욕망을 구속한 것이 아니다. 구속해야 할 욕망을 구속하셨다. 하나님은 인간의 모든 자유를 제한한 것이 아니다. 제한해야 할 자유를 제한하셨다. 이것이 하나님의 질서이다. 인간의 욕망과 자유는 인간을 행복하게도 하지만 또한 인간을 불행하게도 하기 때문이다.

| 10절. 가로되 내가 동산에서 하나님의 소리를 듣고 내가 벗었으므로 두려워하여 숨었나이다 |

아담이 대답하다

하나님의 부르는 소리에 동산의 나무 뒤에 숨어있던 아담은 떨면서 하나님께 대답한다.

"내가 동산에서 하나님의 소리를 듣고 내가 벗었으므로 두려워하여 숨었나이다."

거룩함을 선포하시는 하나님의 음성을 듣자 거룩함의 질서를 위배한 아담의 수치심은 곧 두려움으로 바뀐다. 아담에게 있어서 하나님은 두려운 존재가 되어버린 것이다. 이제 더 이상 그에게 하나님의 목소리는 따뜻한 아버지의 목소리가 아니었다.

죄는 이렇게 인간과 하나님 사이의 관계를 무너뜨린다. 사랑의 관계를 무너뜨리는 것이 죄이다. 죄로 인해 얻는 것은 선악과를 먹는 순간의 쾌감일 뿐이다. 그러나 결국은 끝이 없는 수치심과 두려움에 사로잡히게 된다.

죄의 속성

어둠에 빛을 비추면 어둠에 속한 짐승과 벌레들은 두려움에 떤다. 숨을 곳을 찾아 이리저리 피하고 도망간다. 이것이 어둠에 속한 자들이다.

지금 하나님을 대면해야 하는 아담의 모습이 바로 이와 같이 변하였다. 그는 하나님이 두려워서 숨어있다. 지금까지 하나님을 두려워하는 존재는 오직 사탄뿐이었다. 하나님이 나타나면 사탄은 마치 바퀴벌레처럼 주인의 눈을 피해 여기저기 숨는 저주받은 존재이다. 그러나 지금 하나님의 자녀가 그와 같은 저주스러운 모습으로 변하였다.

우리는 하나님께 나가는 것을 즐겨하는가? 아니면 하나님의 낯을 피해 숨고 도망가는가? 말씀과 기도로 하나님을 찾는 것을 기뻐하는가? 아니면 인터넷과 향락에 빠져 사는 것을 즐겨하는가? 우리는 우리 자신을 스스로 검증할 필요가 있다. 죄는 지으면 지을수록 우리 영혼은 하나님으로부터 멀어지게 된다. 하나님의 낯을 피해 숨게 된다. 왜냐하면 이것이 죄의 속성이기 때문이다.

| 11절. 가라사대 누가 너의 벗었음을 네게 고하였느냐 내가 너더러 먹지 말라 명한 그 나무 실과를 네가 먹었느냐 |

하나님이 안타까워하시다

하나님은 두려워 떨고 있는 아담에게 묻는다. "누가 너의 벗었음을 네게 고하였느냐." 이 말의 의미는 누군가 너에게 '너는 벗은 사람이구나.'라고 알려주었느냐? 라는 뜻으로 물으신 것이다.

하나님은 과연 아담이 선악과를 먹은 것을 몰라서 묻는 것일까? 그렇지 않다. 하나님은 이미 모든 것을 알고 계신다. 그러나 하나님도 아담이 선악과를 먹은 현실을 인정하고 싶지 않았던 것이다. 아담이 숨는 이유가 선악과 때문이 아니기를 바랐던 것이다. 차라리 누군가 그에게 벗었음을 고해서 숨었으면 하는 마음을 표현한 것이다. 하나님을 피해 숨어있는 아담을 바라보시는 하나님의 안타까움이 그 말씀들에 묻어 있다.

하나님의 심판이 시작되다

"내가 너더러 먹지 말라 명한 그 나무 실과를 네가 먹었느냐?"

하나님은 아담에게 문제의 본질을 말씀하시기 시작한다. 심판이 시작된 것이다. 우리는 하나님만이 유일한 심판자이심을 안다. 왜냐하면 하나님만이 공의롭기 때문이다. 하나님은 공의의 잣대로 심판하시기 때문이다.

그러나 이번 심판은 하나님으로도 매우 힘들고 어려운 심판이다. 왜냐하면 심판을 받는 대상이 하나님의 자녀들이기 때문이다. 자녀들에게 하나님의 공의의 잣대를 대어야 하는 안타까운 상황이 벌어진 것이다.

뿐만 아니라 이번 심판에는 간사한 뱀도 같이 심판을 받게 되었다. 사랑하는 아들을 악한 짐승과 함께 같이 심판해야 하는 아버지 하나님의 마음은 매우 안타까웠던 것이다.

| 12절. 아담이 가로되 하나님이 주셔서 나와 함께하게 하신 여자 그가 그 나무 실과를 내게 주므로 내가 먹었나이다 |

아담이 변론하다

하나님이 아담에게 선악과를 먹었는지 묻자 아담이 대답을 한다. "하나님이 수셔서 나와 함께하게 하신 여자 그가 그 나무 실과를 내게 주므로 내가 먹었나이다."

아담은 자신이 선악과를 먹게 된 이유가 하와 때문이라고 말하고 있다.

아담이 하나님께 한 말은 사실인가? 물론 아담의 말이 사실이다. 그러나 그것은 진실이 아닌 것이다. 아담은 수많은 진실들을 감추고 있다. 간교한 뱀의 침입으로부터 에넨동산을 지키지 못한 것과 그가 하나님의 질서에 도전할 때 그를 다스리지 못한 것을 아담은 알고 있다.

뿐만 아니라 그의 아내가 선악과에 대한 불신을 말할 때에 아담은 이를 다스리지 못했다. 같이 마음이 흔들렸던 것이다. 이 모든 것을 아담은 알고 있었다. 아담이 선악과를 먹은 사건은 한 순간의 실수가 아니었다. 오랫동안 하나님의 언약에 대하여 방심하고 스스로를 겸비하지 못한 결과였다.

아담은 스스로 그것을 알고 있다. 그러나 하나님께 감히 말할 수 없었다. 그가 할 수 있는 것은 자신에게 유리한 사실을 말하는 것이다. 그것은 아내를 고발하는 것이었다.

아내를 고발하다

하나님의 재판이 시작되자 아담은 자신의 아내를 고발하기 시작한다. 수치심과 두려움에 떨고 있던 아담은, 위기를 모면하기 위해 사랑하는 아내를 고발한다.

하나님 앞에서 고발당하는 아내 하와의 마음은 어떠했을까? 가장 믿고 의지하고 사랑했던 남편으로부터 고발당하는 순간, 하와의 마음은 말할 수 없는 깊은 상처를 입게 된다. 이 사건은 남편 아담과 아내 하와의 심각한 관계의 단절로 연결되는 것이다.

부부의 위기는 배우자의 허물을 덮어주지 못하는데 있다. 배우자의 허물을 지적하고 들추어내고 고발하는데서 시작된다. 그래서 우리는 배우자를 비난하지 말아야 한다. 배우자는 비난의 대상이 아니라 보호의 대상이기 때문이다. 당신이 당신의 수치심을 가리기위해 노력하는 것처럼 당신의 아내의 수치심을 가리기 위해서도 노력해야 한다.

그러나 아담은 하나님 앞에서 아내를 고발하기 시작한다. 여기서 우리가 깨닫는 것은 '죄는 상처를 동반한다.'는 것이다. 이것이 바로 죄의 습성이다.

아담이 하나님도 고발하다

아담은 하나님께 아내를 고발할 때 '하나님이 주셔서 나와 함께 하게 하신 여자'라고 말한다. 이 말은 '내가 범죄를 하게 된 것이 바로 하나님 때문이다.'라는 의미를 담고 있다. '하나님이 주신 여자 때문에 내가 범죄를 하게 되었다'는 말을 하고 있는 것이다.

'하나님이 여자를 주시지 않았다면 내가 범죄를 하지 않았을 것이다.'는 말을 지금 아담이 하나님께 하고 있다. 아담은 아내와 하나님을 동시에 고발하고 있는 것이다. 아담은 자신에게 닥친 위기를 모면하기 위해서 순간적으로 방어 본능을 작동하고 있다. 아담은 자신이 선악과를 먹은 책임을 그의 아내 뿐 아니라 하나님에게까지 전가시키는 것이다.

수치심과 방어기제

선악과로 인해 생겨난 수치심과 두려움은 인간의 역기능적인 감정으로 자리를 잡았다. 이것들은 인간에게 방어기제라는 본능적인 행동양식을 불러왔다. 방어기제는 수치심과 두려움으로부터 자신을 보호하기 위한 행동이었다.

아담의 방어기제는 무화과나무 잎으로 자신의 수치심을 가리는 것으로 시작하였다. 그리고 범죄의 책임을 아내와 하나님에게까지 전가시키는 행동으로까지 발전한 것이다.

방어기제는 선악이 공존하는 이 세상에서는 어쩌면 유익한 행동 본능이기도하다. 하지만 진실성을 가리고 왜곡시키는 역할도 한다. 지나치게 수치심과 두려움이 많고 지나치게 방어적인 행동을 하다보면 진짜 자아를 망각하게 된다. 자신을 객관적이고 진실하게 바라볼 수 없게 된다. 사람과의 관계도 진정성 없는 가식적인 관계로 변질시킨다. 심지어 하나님과의 관계도 심각한 왜곡을 불러일으키게 된다.

지금 아담이 하나님께 하는 대화는 방어 본능적인 대화이다. 이런 대화는 하나님과 아무리 많이 할지라도 유익하지 않다. 하나님은 그런 기도를 기뻐하지 않으신다. 하나님 앞에서 우리는 정직하게 자신의 연약함과 대면할 수 있어야 한다. 그런 용기를 하나님께 구해야 하는 것이다. 우리가 감당할 수 없는 수치스러움과 두려움을 정직하게 하나님께 드리는 것에서부터 하나님과의 정직한 대화는 시작된다.

| 13절. 여호와 하나님이 여자에게 이르시되 네가 어찌하여 이렇게 하였느냐 여자가 가로되 뱀이 나를 꾀므로 내가 먹었나이다. |

여자가 뱀을 고발하다

하나님은 여자에게도 묻기를 시작하다. 이미 여자는 하나님이 묻기도 전에 그의 남편으로부터 고발을 당했다. 그녀는 이미 남편으로부터 큰 상처를 받았던 것이다. 또한 그녀는 자신이 선악과를 먹었고 또한 남편에게 주어서 먹게 했다는 엄청난 죄책감과 두려움에 떨고 있는 중이다. 바로 그 여자에게 하나님이 묻기를 시작한다.

하나님이 묻기를 시작하자, 여자도 남편이 했던 것처럼 동일하게 자신의 범죄의 책임을 뱀에게 전가시킨다. 자신을 유혹해서 범죄를 하게 했던 뱀을 지목하여 고발한다.

"뱀이 나를 꾀므로 내가 먹었나이다."

여자도 아담처럼 사실을 말하지만 진실을 말하지 않는다. 그녀는 남편인 아담으로부터 하나님의 명령에 대하여 들었다. 그리고 선악과를 먹어서는 안 된다는 것을 알고 있다. 하지만 그녀는 하나님의 언약이 불편했고 또한 의심했던 마음들이 있었던 것이다. 그러나 여자는 그 진실을 드러내지 않았다. 그리고 그녀의 모든 책임을 뱀에게 전가시키는 것이다.

유혹은 미리 방어하라

하와는 모든 책임을 뱀에게 전가시켰다. 하지만 아담과 하와는 뱀을 다스려야 할 의무가 있었던 것이다. 뱀의 일탈하는 말을 할 때 하와는 그를 다스려야만 했다. 하와는 그를 다스릴 권리가 그녀에게 있었다. 그러나 하와는 뱀을 다스리지 못했다. 오히려 뱀에게 다스림을 받은 것이다.

하와가 뱀으로부터 '속았다'는 것을 알게 되었을 때는 이미 늦었다. 죄의 속성은 그렇다. '내가 속았구나!'를 깨달을 때는 이미 늦은 것이다. 죄란 사전에 방어하지 않으면 이미 늦은 것이다. 유혹이란 사전에 방어하고 피하지 않으면 이미 늦은 것이다.

18편

하나님의 징벌이 시작되다

14. 여호와 하나님이 뱀에게 이르시되 네가 이렇게 하였으니 네가 모든
육축과 들의 모든 짐승보다 더욱 저주를 받아 배로 다니고
종신토록 흙을 먹을 지니라.
15. 내가 너로 여자와 원수가 되게 하고 너의 후손도 여자의 후손과
원수가 되게 하리니 여자의 후손은 네 머리를 상하게 할 것이요
너는 그의 발꿈치를 상하게 할 것이니라 하시고
16. 또 여자에게 이르시되 내가 네게 잉태하는 고통을 크게 더하리니 네가
수고하고 자식을 낳을 것이며 너는 남편을 사모하고
남편은 너를 다스릴 것이니라 하시고
17. 아담에게 이르시되 네가 네 아내의 말을 듣고 내가 너더러 먹지 말라
한 나무 실과를 먹었은즉 땅은 너로 인하여 저주를 받고
너는 종신토록 수고하여야 그 소산을 먹으리라.

18. 땅이 네게 가시덤불과 엉겅퀴를 낼 것이라 너의 먹을 것은
밭의 채소인즉
19. 네가 얼굴에 땀이 흘러야 식물을 먹고 필경은 흙으로 돌아가리니
그 속에서 네가 취함을 입었음이라 너는 흙이니 흙으로
돌아갈 것이니라 하시니라.

| 14절. 여호와 하나님이 뱀에게 이르시되 네가 이렇게 하였으니 네가 모든 육축과 들의 모든 짐승보다 더욱 저주를 받아 배로 다니고 종신토록 흙을 먹을 지니라 |

하나님이 뱀을 저주하다

하나님의 저주가 시작되었다. 하나님은 뱀에게 소명의 기회도 주지 않고 바로 저주하시었다. 하나님은 뱀에게 말씀하신다.

"네가 이렇게 하였으니 네가 모든 육축과 들의 모든 짐승보다 더욱 저주를 받아"

여기에서 '더욱 저주를 받아'라는 말씀은 '이미 많은 동물들이 저주를 받았다'는 것과 '하지만 뱀은 그보다 더 저주를 받는다.'는 의미를 함께 내포한 것이다. 따라서 세상에는 이미 저주를 받은 많은 동물이 등장했음을 알게 된다. 우리는 이 말씀 속에서 에덴동산이 아닌 동물들의 세상이 어떠했는지를 감지할 수 있게 된다.

짐승들의 타락

동물들이 사는 세상은 하나님의 질서가 이미 많이 파괴되었던 것이다. 왜냐하면, 동물들 중에 간교한 자들이 많았기 때문이다. 성경은 '여호와 하나님이 지으신 들짐승 중에 뱀이 가장 간교하다.'라고 말한다. 이 말은 다른 짐승들도 간교하지만 뱀이 가장 간교하다는 말이다. 이미 세상은 간교한 짐승들이 있었고 그들이 하나님의 질서를 흩트리고 있었던 것이다.

그래서 하나님은 사람을 만드시고 그에게 '바다의 물고기와 하늘의 새와 땅에 움직이는 모든 생물을 다스리라.'는 임무를 부여하셨다. 이것은 하나님의 질서를 무너뜨리고 도전하는 동물들을 다스리고 통치하라는 뜻이다. 아담과 하와는 이 역할을 충분히 해야만 했다. 그러나 아담과 하와는 다스려야 할 동물에게 오히려 다스림을 당하게 된 것이다.

저주를 받은 뱀

뱀이 받은 저주는 '배로 다니는 것'과 '흙을 먹는 것'이다. '배로 다닌다는 것'은 뱀은 다리가 없어졌다 뜻이다. 이 말을 역으로 해석하면, 뱀은 원래 다리가 있는 들짐승이었다는 것이다. 그러나 이제 그는 다리가 없는 파충류로 변하였다는 뜻이다.

'흙을 먹는다.'는 것은 육식동물이 되었다는 의미이다. 원래 모든 들짐승은 풀을 먹는 동물이다. 그러나 흙을 먹는다는 것은 흙으로 된 육체를 먹는다는 의미로 육식동물이 되었다는 뜻이다.

다른 동물을 잡아먹는 것은 저주다. 먹히는 동물들의 삶도 고통스럽지만 다른 동물을 잡아먹어야 하는 육식동물들의 삶도 고통스러운 것이다. 이처럼 흙을 먹는 저주스러운 동물들이 세상에 많이 나타났다.

특히 큰 바다 짐승들이 그들의 영역을 벗어나 물과 육지의 사이에서 존재하면서 파충류로서 다른 동물을 잡아먹는 공룡으로도 등장하였다. 이것이 짐승들이 사는 세상이다.

| 15절. 내가 너로 여자와 원수가 되게 하고 너의 후손도 여자의 후손과 원수가 되게 하리니 여자의 후손은 네 머리를 상하게 할 것이요 너는 그의 발꿈치를 상하게 할 것이니라 하시고 |

사탄이 사람의 원수가 되다

15절의 이 말씀은 하나님이 뱀에게 하신 말씀이 아니라, 뱀 안에 들어있는 사탄을 향하여 하시는 말씀이다. 하나님은 사탄을 향하여 말씀하신다.

"내가 너로 여자와 원수가 되게 하고 너의 후손도 여자의 후손과 원수가 되게 하리니"

사탄이 여자 즉 하와를 유혹하여 범죄를 하게 했다. 하나님은 사탄과 하와의 관계를 원수로 정하셨다. 속고 속인 당사자의 관계를 원수로 정하신 것이다. 그뿐 아니라 그들의 후손도 서로 원수로 정하셨다. 따라서 사탄과 인간의 관계는 원수인 것이다.

이 관계는 하나님이 정하신 명령이다. 따라서 우리는 절대로 사탄을 섬기거나 그들과 사귐을 가져서는 안 된다. 이것은 그들의 간교한 속임에 넘어가는 것뿐 아니라 하나님의 명령을 어기는 것이다. 사탄은 사람을 사랑하지 않는다. 사탄은 사람을 파멸시킬 뿐이다.

더욱이 하나님이 사탄을 사람의 원수로 정하셨기 때문에 우리는 그들과 관계를 단절해야 한다. 사탄은 우는 사자처럼 우리를 삼키려고 한다. 하나님은 사탄과의 사귐 자체를 단절하라고 명령하셨다.

여자의 후손이 사탄의 머리를 상하게 할 것이요.

사탄은 사람하고만 원수가 된 것이 아니었다. 하나님하고도 원수가 된 것이다. 이것은 하나님이 하신 다음 말씀에서 알 수 있다.

"…여자의 후손은 네 머리를 상하게 할 것이요 너는 그의 발꿈치를 상하게 할 것이니라"

사탄의 머리를 상하게 할 여자의 후손은 바로 예수그리스도를 의미한다. 하나님은 지금 심판을 받는 뱀 속에 들어있는 간사한 사탄의 머리를 밟아버리고 싶으셨다. 그러나 하나님은 공의로운 심판을 하시는 심판자이시므로 본인의 마음을 감추신 것이다. 그리고 '여자의 후손이 네 머리를 상하게 할 것이다'라는 예언적인 말씀으로 그분의 마음을 표현하신 것이다.

이것은 독생자 예수그리스도가 사탄의 머리를 밟을 것이라는 예언이다. 그리고 '너는 그의 발꿈치를 상하게 할 것이다'라는 말씀으로 예수님의 십자가 희생을 예언하신 것이다. 이미 하나님은 아담과 하와가 선악과를 먹는 범죄를 할 때 인간의 구원을 결심하셨다. 그리고 그들을 위한 희생을 결단하신 것이다.

| 16절. 또 여자에게 이르시되 내가 네게 잉태하는 고통을 크게 더하리니 네가 수고하고 자식을 낳을 것이며 너는 남편을 사모하고 남편은 너를 다스릴 것이니라 하시고 |

해산하는 고통

하나님의 징벌은 다시 여자를 향하기 시작하였다. 하나님은 여자에게 말씀하신다.

"내가 네게 잉태하는 고통을 더하리니 네가 수고하고 자식을 낳을 것이며"

하나님은 여자에게 잉태하는 고통을 주셨다. 여자는 죽음과 같은 고통의 과정을 통하여 자녀를 얻게 되었다. 자녀를 해산하는 과정은 엄마에게도 고통스럽지만 아이에게도 고통스러운 과정이다. 죽음의 고통을 겪고 나서 엄마와 아이는 만나게 된다. 이것이 선악과 범죄의 결과이다.

남편은 너를 다스릴 것이니라.

"…너는 남편을 사모하고 남편은 너를 다스릴 것이니라." 이 말씀은 아내와 남편의 관계를 말씀하신 것이다. 여자는 남편으로부터 다스림을 받는 관계로 하나님이 정하셨다. 여자는 돕는 배필로 남편을 도와야하면서도 남편으로부터 다스림을 받도록 정하셨다.

하지만 여기서 '다스림'이란 남편의 욕구와 뜻대로 하는 다스림이 아니다. 아담이 해야 할 '다스림'이란 하나님의 질서를 세우는 것을 말한다. 하나님은 아담에게 세상의 동물들을 하나님의 질서로 다스리는 역할을 주셨다. 그러나 이제는 아내를 하나님의 질서로 다스려야 하는 역할로 바뀐 것이다.

이것은 하나님의 질서가 동물의 세계에서 가정으로 옮겨진 것을 의미한다. 따라서 우리는 가정에 하나님의 질서를 세워야 하는 것이다. 남편은 하나님의 질서를 가정 가운데 세워야 한다. 아내는 하나님의 질서가 가정에서 잘 세워지도록 남편을 도와야 한다. 이것이 바로 하나님이 정하신 새로운 질서이다.

여자의 역할

여자는 남편을 사모해야 한다. 그리고 그로부터 하나님의 질서에 대한 다스림을 받아야 한다. 남편이 하나님의 사람이 될 수 있도록 돕는 것이 여자의 역할이다.

사실 가정에 하나님의 질서를 세우는 것은 여자의 역할이다. 남자는 하나님의 질서로 다스리지만 여자는 이 모든 질서를 가정가운데 세워가기 때문이다. 아내는 남편이 하나님의 말씀에 바로 설 수 있도록 도와야 한다. 그래서 남편이 일탈하는 것은 아내의 책임일 수 있다. 자녀들이 하나님의 말씀에서 일탈하지 않도록 사랑으로 교육해야 한다. 이것은 여자에게 있어서 고통스러운 징벌이다.

그러나 이것은 여자의 역할이다. 하나님은 여자에게 징벌을 말씀하시면서 그녀에게 역할을 새롭게 부여하셨다. 왜냐하면 이제 이들은 에덴동산을 떠나야 하기 때문이다. 짐승들이 사는 세상으로 나가야 하기 때문이다. 하나님은 지금 이들에게 새로운 곳에서의 새로운 역할을 부여하시는 것이다.

여자가 받은 역할을 가정의 관계를 세우는 것이다. 여자가 역할을 바르게 해야 가정이 선다. 남편이 서고 또한 자녀들이 서는 것이다. 하나님은 여자의 징벌을 통하여 가정을 만드는 조건을 말씀하신 것이다.

| 17절. 아담에게 이르시되 네가 네 아내의 말을 듣고 내가 너더러 먹지 말라 한 나무 실과를 먹었은즉 땅은 너로 인하여 저주를 받고 너는 종신토록 수고하여야 그 소산을 먹으리라 |

| 18절. 땅이 네게 가시덤불과 엉겅퀴를 낼 것이라 너의 먹을 것은 밭의 채소인즉 |

아담의 징벌이 시작되다

마지막으로 하나님의 징벌은 아담을 향하였다. 하나님이 아담에게 하시는 징벌은 땅과 관련된 것들이다. 하나님이 여자에게 하신 징벌이 가족을 세우기 위한 '관계의 징벌'이라면 아담에게 하시는 징벌은 '먹을 것에 대한 징벌'이었다.

그 징벌은 '땅이 아담으로 인하여 저주를 받았다.'고 말씀하시면서 시작된다. 왜냐하면 아담의 몸은 땅으로부터 나왔기 때문이다. 또한 아담은 땅을 정복해야 할 주인이기 때문이다.

아담이 하나님의 질서에서 일탈하자 땅도 질서에서 일탈하기 시작하였다. 그것을 저주라고 하는 것이다. 아담은 종신토록 수고를 해야 땅의 소산을 먹을 수 있게 되었다. 그동안 아담은 수고하지 아니하고 땅이 주는 과일과 채소의 소산을 먹었다. 그러나 이제 그는 먹을 것을 위해 종신토록 수고를 해야 한다.

가시덤불과 엉겅퀴

아담이 범죄를 하자 땅은 아담에게 가시덤불과 엉겅퀴를 내는 것이다. 에덴동산의 땅과 풀은 부드러웠다. 아담과 하와가 옷을 입지 않고 살 수 있을 만큼 땅과 풀은 포근하고 부드러웠다.

그리고 그들이 먹을 수 있는 충분한 채소와 과일이 있었다. 뿐만 아니라 짐승이 사는 세상도 땅의 풀들이 부드러웠다. 그래서 동물들이 먹기에 좋았던 것이다. 이처럼 축복된 세상이 아담의 범죄로 저주를 받게 된 것이다.

온 지면에 가시덤불과 엉겅퀴가 자라기 시작하였다. 인간과 동물들을 괴롭히는 식물이 자라나기 시작한 것이다. 하나님이 식물을 만드신 목적은 인간과 동물의 먹을거리로 사용되도록 하기 위해서이다. 그러나 인간과 동물이 먹을 수 없는 가시덤불과 엉겅퀴의 식물이 자라나기 시작한 것이다.

다른 식물들도 변질되어 잎에 가시가 돋아나고 거칠게 변하기 시작한다. 인간은 밭의 채소를 먹기 위해 가시덤불과 엉겅퀴를 거두어 내야만 했다. 사람은 얼굴에 땀을 흘려야 식물을 먹을 수 있게 되었다. 인간의 몸은 피곤하고 지치게 되었다. 거칠고 험악해진 땅은 이제 더 이상 맨몸으로 다닐 수 없는 곳이 되었다. 이것이 지금 우리가 사는 세상인 것이다.

마음이 황폐해지다

아담의 범죄로 땅은 저주를 받았다. 땅의 저주는 땅위에 사는 모든 생명체들의 저주로 이어졌다. 그리고 땅이 저주를 받았다는 것은 곧 인간의 마음이 저주를 받았다는 것과 같다. 죄가 들어오기 전에는 우리 인간의 감정은 기쁨과 즐거움이었다. 그러나 선악과를 먹은 후로 인간은 수치심과 두려움의 감정이 자라기 시작한다. 인간의 마음 밭에 가시덤불과 엉겅퀴가 자라기 시작한 것이다.

인간은 서로에게 상처를 주기 시작하였다. 그래서 우리 인생은 늘 아프다. 늘 굶주려 있다. 사랑이 결핍되어 있는 것이다. 평안과 안식이 결핍되어 있는 것이다. 고통스럽고 불안한 것이다. 우리의 마음 밭은 사람을 살리는 식물을 공급하지 못한다. 오히려 가시와 엉겅퀴를 낸다. 내 사랑하는 가족에게 고통을 안겨주고 있다. 이것이 우리의 인생이 되어 버린 것이다.

죄악과 상처

우리에게 평안이 없는 이유는 무엇인가? 돈이 없어서인가? 아니면 건강이 없어서인가? 우리에게 평안이 없는 가장 중요한 이유는 우리의 죄악과 상처 때문이다. 이것이 바로 가시와 엉겅퀴를 우리의 마음 밭에서 거두어 내야 하는 이유이다. 우리의 죄악과 상처를 씻어내지 못하면 우리는 우리 자신과 사랑하는 가족과 하나님에게 깊은 상처를 남기게 되는 것이다.

우리는 어떻게 우리 마음 밭의 가시덤불을 치울 수 있는가? 우리는 회복을 위해 노력해야 한다. 이것은 하나님의 도우심이 절실히 필요하다. 우리가 먼저 해야 할 일은 하나님께 우리의 마음의 문을 여는 일이다. 비록 수치스럽고 고통스럽고 다시 생각하기도 싫지만, 하지만 우리는 정직하게 우리의 마음에 문을 열어야 한다. 나의 아픔과 두려움과 수치심을 향하여 용감하게 직면해야 한다. 그리고 하나님 앞으로 나아가야 한다. 하나님은 우리를 도우실 것이다. 우리를 치료하시고 우리를 용서하실 것이다.

| 19절. 네가 얼굴에 땀이 흘러야 식물을 먹고 필경은 흙으로 돌아가리니 그 속에서 네가 취함을 입었음이라 너는 흙이니 흙으로 돌아갈 것이니라 하시니라 |

흙으로 돌아갈 것이라

우리는 얼굴에 땀이 흘러야 식물을 먹을 수 있게 되었다. 그리고 결국은 흙으로 돌아가는 것이다. 이것이 아담에게 주어진 징벌이다. 흙으로 돌아갈 육체를 위하여 우리는 땀 흘리며 가시덤불과 엉겅퀴를 거두어 내야만 한다. 우리 앞에는 고단한 인생의 길이 놓인 것이다.

우리는 육체를 볼 때 소망이 없다. 고단한 삶을 살다가 흙으로 돌아갈 뿐이다. 그러나 우리의 영에는 아직 소망이 있다. 왜냐하면 하나님이 우리를 놓지 않으셨기 때문이다. 그리고 우리의 영이 본질이기 때문이다. 그래서 우리는 하나님을 붙들어야 하는 것이다.

하나님은 소망이 없는 이 세상에 예수그리스도를 통하여 구원의 길을 여셨다. 짐승들이 사는 이 땅에 새로운 희망이 생긴 것이다. 비록 우리의 육체는 허무하게 무너질지라도 우리의 영은 소망이 있는 것이다. 하나님이 우리를 위하여 조상이 잃어버렸던 천국을 회복하셨기 때문이다.

19편

아담과 하와가 에덴동산에서 쫓겨나다

20. 아담이 그 아내를 하와라 이름 하였으니 그는

모든 산 자의 어미가 됨이더라.

21. 여호와 하나님이 아담과 그 아내를 위하여 가죽옷을 지어 입히시니라.

22. 여호와 하나님이 가라사대 보라 이 사람이 선악을 아는 일에

우리 중 하나갈이 되었으니 그가 그 손을 들어 생명나무

실과도 따먹고 영생할까 하노라 하시고

23. 여호와 하나님이 에덴동산에서 그 사람을 내어 보내어

그의 근본 된 토지를 갈게 하시니라.

24. 이같이 하나님이 그 사람을 쫓아내시고 에덴동산 동편에 그룹들과

두루 도는 화염검을 두어 생명나무의 길을 지키게 하시니라.

| 20절. 아담이 그 아내를 하와라 이름 하였으니 그는 모든 산 자의 어미가 됨이더라 |

아내를 하와라 하다

수치스럽고 두려운 하나님의 심판이 지나갔다. 그러나 아담과 하와는 여전히 부끄럽고 두렵다. 그들은 에덴동산의 어느 곳에도 갈 수 없다. 그들은 하나님의 낯을 피할 수 있는 곳이라면 어디든 숨어야 했던 것이다. 그들에게 있어서 에덴동산은 더 이상 낙원이 아니다. 그들은 에덴동산과 함께 모든 것을 다 잃었다.

아담과 하와는 하나님의 낯을 피하여 동산의 어딘가에 숨어 있다. 이들은 어쩔 수 없이 서로를 마주 대하고 있지만 서로의 마음이 편치 않은 것이다. 서로에게 원망스러움과 미안한 마음이 교차했기 때문이다. 그렇게 어색한 시간이 지나면서 아담은 갑자기 깨닫게 된다. 자신을 돕는 배필인 아내의 이름이 없다는 것을 그때서야 깨닫는 것이다.

그래서 아담은 그녀에게 이름을 지어준다. 아담이 그 아내의 이름을 하와라고 하였다. 그 의미는 모든 산 자의 어미라는 뜻이다. 하나님이 하와에게 자녀를 낳는 역할과 징벌을 부여하셨기 때문에 아담은 그 뜻에 맞는 이름을 정한 것이다.

에덴동산에서의 의무와 권리

아담은 지금까지 아내와 함께 지내면서 그녀의 이름조차 짓지 않았다. 이것을 통해서 우리는 아담과 하와가 에덴동산에서 어떠한 생활을 했는지 짐작할 수 있게 된다. 그들은 에덴동산에서 누릴 수 있는 즐거운 것들만 따르며 지냈던 것이다.

물론 에덴동산의 풍요와 즐거움을 누리는 것은 그들의 당연한 권리이며 축복이다. 그러나 그들에게는 지켜야 할 의무도 있었다. 그것이 바로 하나님의 언약이다. 하나님이 명령하신 에덴동산을 지키고 동물을 관리하는 것이다. 아담과 하와가 이것에 대하여 그들은 서로 진지하게 대화를 하지 않았던 것이다.

만약 아담과 하와가 동물을 어떻게 관리할 것인지 서로 이야기를 나누었다면, 아담은 하와가 만들어지기 전에 했었던 동물의 이름 짓기를 기억했을 것이다. 왜냐하면, 동물을 관리하는 것은 아담의 '동물이름 짓기'에서부터 시작되었기 때문이다. 그 이야기를 나누었다면 하와에게도 이름이 필요하다는 것을 그때 느꼈을 것이고 그때 이름을 지었어야 하는 것이다.

그러나 그들은 하나님의 관계나 언약에 대해서 무관심했다. 그들은 그들이 해야 할 최소한의 의무를 포기한 채 즐거움만을 따라 산 것이다. 하나님은 우리에게도 최소한의 거룩함에 대한 의무를 요구하신다. 그래서 우리는 마땅히 이행해야 하는 의무가 있는 것이다. 하나님의 언약을 모두 저버리고 쾌락만을 따라가는 자는 반드시 시험을 당하게 되는 것이다.

| 21절. 여호와 하나님이 아담과 그 아내를 위하여 가죽옷을 지어 입히시니라 |

가죽옷을 지어 입히시다

아담과 하와를 심판하셨던 하나님이 아담과 하와를 다시 찾아오셨다. 그리고 그들을 위하여 가죽옷을 지어 입히셨다. 하나님은 그들이 스스로 만들어 입은 무화과나무 잎을 벗기고 하나님이 지으신 가죽옷을 입히셨다. 가죽 옷을 입히셨다는 것은 이제 그들의 수치심을 감추어 주시겠다는 의미이다. 그들이 받았던 수치심과 두려움의 상처를 싸매고 덮어 주시는 뜻이다.

옳고 그름을 판단하시던 무서운 심판자에서 그들의 모든 허물과 수치심을 감추어주시는 아버지 하나님으로 돌아오셨다. 그러나 비록 하나님이 가죽옷을 지어 입힐지라도 이미 인간 안에 찾아온 수치심과 두려움은 떠나지 않는다. 그럼에도 불구하고 하나님은 우리의 허물과 수치심을 감추어 주신다. 이분이 바로 하나님이시다.

우리는 자녀의 허물을 들추지 말아야 한다. 남편과 아내의 허물을 들추어서는 안 되는 것이다. 사랑은 허물을 덮어 주는 것이다. 그리고 용서하는 것이다. 그리고 속아주는 것이다. 이것이 하나님의 사랑이다.

| 22절. 여호와 하나님이 가라사대 보라 이 사람이 선악을 아는 일에 우리 중 하나같이 되었으니 그가 그 손을 들어 생명나무 실과도 따먹고 영생할까 하노라 하시고 |

선악을 아는 일

아담이 선악과를 먹은 것에 대하여 하나님이 다음과 같이 말씀하신다.

"이 사람이 선악을 아는 일에 우리 중 하나같이 되었으니…"

이 말은 아담이 하나님처럼 선악을 알게 되었다는 뜻이다. 하나님은 천사들의 타락과 그들의 심판을 통해서 악한 욕망의 힘과 그 결과를 잘 알고 있다. 영적 피소물이 지닌 타락을 추구하는 강렬한 욕망의 힘을 하나님은 경험하셨다. 그리고 그 욕망에 걸려 넘어지면 어떠한 결과를 초래할지 하나님은 잘 아시는 것이다. 하나님은 우리보다도 어쩌면 사탄보다도 악이 가져올 결과를 더 잘 아신다. 그래서 하나님은 이렇게 계획적이며 강렬하게 인간을 악한 욕망으로부터 지키고 분리시키려고 노력하시는 것이다.

인간을 에덴동산에 만드신 이유

우리가 기억해야 할 것은 악은 외부에 있는 것이 아니라 내부에 있다. 우리 안에는 하나님으로부터 일탈하고자 하는 강렬한 욕망이 있다. 이 악의 욕망으로부터 우리는 우리 자신을 지켜야 하는 것이다. 천사가 악의 욕망에 걸려 넘어지자 저주받은 사탄이 되었다. 그래서 그들은 무저갱에 속한 존재가 된 것이다.

인간도 불과 다르지 않다. 인간도 타락의 욕망에 걸려 넘어지면 무저갱에 속한 존재가 되는 것이 마땅하다. 그러나 타락의 욕망에 걸려 넘어진 인간은 짐승이 사는 세상에 속한 존재가 되었다. 왜냐하면 하나님은 인간을 불완전한 존재로 천국에 만들지 않으시고 세상의 에덴동산에 놓으셨기 때문이다.

하나님이 인간을 천국이 아닌 에덴동산에 만드신 이유는 우리에게 기회를 주시기 위해서이다. 이것이 하나님의 인간을 향한 사랑이다. 하나님은 우리가 타락의 욕망을 벗어나 하나님의 사람으로 되돌아오기를 기다리신다. 하나님이 에덴동산의 생명과의 실과를 먹지 못하도록 막으신 것도 역시 우리 인류에게 다시 돌아올 기회를 주시기 위함이다.

타락의 욕망

타락하고자 하는 욕망은 악이다. 그것은 하나님을 거역하고자 하는 욕망이기도 하다. 우리가 사탄만큼 경계하는 것이 바로 우리 안에서 솟구치는 타락의 욕망이다. 천사도 이 욕망에 걸려 넘어졌고 우리의 조상 아담도 역시 이 욕망에 걸려 넘어졌다.

우리는 우리를 유혹하는 사탄과도 싸워야 하지만 우리 안에서 모락모락 솟아오르는 타락의 욕망을 막아내야만 한다. 우리의 이 싸움은 결코 쉽지 않다. 왜냐하면 선악과 때문이다. 선악과는 우리의 마음에 수치심과 두려움을 심었나. 악한 욕망은 언제든 우리의 수치심과 두려움의 감정을 자극하며 우리의 마음에 문을 열고 들어온다.

우리가 막을 수 있는 힘은 오직 우리의 강렬한 의지와 노력뿐이다. 그러나 그것만으로는 우리의 부족함을 느낀다. 그래서 우리는 하나님께 기도해야 한다. 하나님의 도우심을 구해야 하는 것이다. 우리의 간절하고 정직한 기도를 들으시고 성령님께서 우리에게 임재하시는 것이다. 그리고 우리를 도우시는 것이다.

| 23절. 여호와 하나님이 에덴동산에서 그 사람을 내어 보내어 그의 근본 된 토지를 갈게 하시니라 |

에덴동산에서 쫓겨나다

여호와 하나님이 에덴동산에서 아담을 내어 보내시었다. 그리고 그를 그의 근본 된 토지를 갈게 하시었다. 자녀를 떠나보내야 하는 인디끼움을 하나님은 느끼시는 것이다. 앞으로 그들과 그 후손이 살아갈 험난한 삶들을 생각하시며 하나님은 깊은 슬픔을 느끼셨을 것이다.

아담이 에덴동산을 떠나는 것은 아버지의 보호에서 벗어나는 것을 의미한다. 이것은 은혜가 지배하는 영역에서 율법이 지배하는 영역으로 나아가는 것을 의미한다. 에덴동산은 하나님의 질서가 적용되는 세상의 천국이었다. 따라서 에덴동산은 천국에 속한 존재들이 있어야 한다.

아담과 하와는 천국에 속한 거룩한 존재인가? 그렇지 않다. 그들은 벌거벗은 자들이다. 수치스러움이라는 연약성을 가진 자들이다. 어쩌면 그들은 천국에 있을 자격이 없는 자들이다. 하지만 하나님은 그들이 수치심의 감정을 느끼지 못하도록 그 감정을 주지 않으신 것이다.

수치스러운 존재이지만 수치스러움을 볼 수 없도록 만드신 것이다. 그래서 이것을 가리켜 '은혜'라고 하는 것이다. 아담과 하와는 어쩌면 에덴동산에 속할 수 없는 자들이지만 하나님은 은혜로 그들을 그곳에 속하게 하신 것이다. 더욱이 그들을 하나님께서 자녀까지 삼으신 것이다.

율법이 지배하는 세상

그러나 그들은 선악과를 먹음으로써 그들이 벌거벗은 자임을 스스로 깨닫게 된다. 수치스러움과 두려움의 감정을 소유한 것이다. 그들은 더 이상 하나님의 영역에 있을 수 없게 되었다. 그들은 스스로 하나님이 베푸신 은혜의 축복을 거절했기 때문이다. 아담과 하와는 은혜의 영역인 에덴동산을 떠나서 율법의 영역인 세상으로 오게 되었다.

그들은 육체의 욕망을 따라서 짐승과 같은 삶을 선택한 것이다. 빛과 어둠이 교차하는 세상에서 선과 악의 복잡한 양가감정을 지니고 은혜가 아닌 율법이 적용되는 세상에서 살게 되었다. 그래서 우리의 세상은 복잡한 것이다. 우리의 삶은 고단하며 인생은 힘든 것이 되어버렸다.

| 24절. 이같이 하나님이 그 사람을 쫓아내시고 에덴동산 동편에 그룹들과 두루 도는 화염검을 두어 생명나무의 길을 지키게 하시니라 |

홀로 남겨진 에덴동산

아담과 하와가 에덴동산을 떠났다. 에덴동산은 마치 자녀가 떠난 빈방처럼 홀로 남겨졌다. 에덴동산은 하나님이 가장 심혈을 기울여 만든 특별한 장소이다. 하나님이 그의 자녀를 위해 온갖 정성을 다해 직접 준비한 최고의 공간이었다. 하나님은 그곳에서 그들과 함께 안식하기를 원하셨다. 하나님은 그 꿈을 가지고 안식일을 정하시고 거룩함의 질서를 선포하신 것이다. 그리고 일곱째 날 에덴동산에 다시 임재를 하셨다.

그러나 아담과 하와는 육체의 욕망을 따라서 타락의 길을 선택하였다. 하나님의 질서를 무너뜨리고 범죄를 한 것이다. 그들은 하나님의 안식일을 망쳤다. 천지창조의 오랜 세월을 하나님이 지내오신 것은 바로 일곱째 날 우리 인간들과 함께 즐거운 안식을 위해서이다. 그러나 우리 인간은 하나님의 안식일을 망친 것이다.

에덴동산에서 아담과 하와는 훌훌 떠나버렸다. 에덴동산은 마치 주인 없는 빈방처럼 홀로 덩그러니 남겨졌다. 이것을 바라보는 하나님의 마음은 매우 공허했을 것이다. 그래서 자녀들은 부모의 마음을 이해해야만 한다. 그리고 순종해야 하는 것이다. 부모의 요구에 대하여 귀를 기울여야 하는 것이다.

생명나무의 길을 지키시다

범죄를 한 아담에게 있어서 생명나무 열매는 곧 영원한 멸망이다. 그래서 하나님은 생명나무를 아담으로부터 분리시키는 것이다. 그러나 인간이 하나님의 나라에 들어가기 위해서는 생명나무 즉 영원한 생명이 필요하다. 그러나 인간은 영생을 얻기 이전에 죄의 문제가 걸린 것이다. 그래서 하나님은 영생의 길을 막으시는 것이다.

죄로 인하여 인간은 하나님 나라에 속할 수 있는 희망이 사라졌다. 영생의 길이 사라진 것이다. 그러나 하나님은 인간에게 죄의 문제의 해결과 함께 영생의 길을 열어주신다. 그것이 바로 예수그리스도의 십자가 희생이다. 예수그리스도의 십자가 희생은 죄의 대가를 지불하는 사건이다. 즉 예수그리스도의 십자가 사건을 믿음으로 받아들일 때 죄의 대가가 지불되는 것이다.

그리고 예수님의 부활은 곧 영생을 의미한다. 예수님의 부활을 믿음으로써 받아들이고 예수님과 관계를 맺기 시작하면 곧 영생을 우리가 얻는 것이 된다. 예수님의 십자가 죽으심과 부활을 믿는 것은 곧 우리의 죄의 대가를 지불하는 것과 동시에 생명나무의 열매를 먹는 것을 의미한다. 이것이 곧 천국에 속한 존재가 되는 유일한 길이다.

Epilogue

이 책에는 오류가 없습니까?

성경을 해석하는 것은 매우 어렵고 두려운 일입니다. 특히 창세기를 해석하는 것은 더욱 그렇습니다. 그러나 저는 이 책을 통하여 창세기를 새로운 관점으로 해석하였습니다. 그 목적은, 현대 지식 기반의 합리적인 사고를 요구하는 현대인들에게 창세기를 설명하기 위해서입니다.

저는 이 책을 쓴 이유가 기존 신학이 틀렸다거나 정통 신앙에 도전하기 위함이 결코 아닙니다. 다만 기존의 신학을 논리적으로 재해석하려는 시도일 뿐입니다.

어느 날, 누군가 저에게 물었습니다.

"이 책에는 오류가 없습니까?"

저는 이에 대하여 '이 책은 얼마든지 오류가 있을 수 있다.'고 말씀드립니다. 왜냐하면 누구도 창세기를 완벽하게 해석할 수 없기 때문입니다. 더욱이 저는 창세기를 학문적으로 연구한 학자가 아니기 때문에 더욱 그렇습니다.

저는 이 책의 내용을 믿으라고 말씀드리지 않습니다. 이것은 믿음의 대상이 아닙니다. 저는 다만, 이 책이 하나님을 향한 우리의 믿음을 더욱 견고하게 도와주기를 기대할 뿐입니다. 믿음과 믿음의 사이를 연결해 주는 도구로서의 역할을 기대할 뿐입니다.

우리가 성경을 해석하는 이유는 하나님의 뜻을 더 정확히 알기 위해서입니다. 따라서 성경을 해석하는 일은 매우 중요합니다. 그러나 하나님 뜻을 더 정확히 아는 것보다도 더 중요한 것이 있습니다. 그것은 바로 하나님을 사랑하는 것입니다. 하나님의 말씀을 믿는 것입니다. 그리고 순종하는 것입니다.

하나님의 말씀을 많이 안다고 해서 하나님을 더 사랑하는 것일까요? 결코 그렇지 않습니다. 만약 그랬다면 바리새인과 사두개인들 그리고 제사장들이 예수님을 더 사랑했을 것입니다. 그러나 그들은 하나님의 말씀을 많이 알고 또 그 말씀을 따라 지켰지만 하나님을 마음으로 사랑하지 않았던 것입니다. 또한 자신에 대한 성찰도 하지 않았던 것입니다.

그렇다면 하나님 뜻을 완벽하게 알아야만 하나님께 온전히 순종할 수 있을까요? 이것 또한 그렇지 않은 경우가 많습니다. 저는 이 실례로 아브라함의 믿음을 소개합니다. 창세기22장에서 하나님은 아브라함에게 그의 독자 이삭을 제물로 바치라고 명령하십니다. 하나님의 명령에 따라서 아브라함은 그의 아들인 이삭을 제물로 바치려고 모리아 산을 향하여 길을 떠나갑니다. 그 길은 3일간의 여행이었습니다. 이성이 있는 정상적인 아버지라면 결코 걸어갈 수 없는 길입니다. 그러나 아브라함은 그 길을 요동함 없이 갔다고 창세기는 묘사합니다.

아브라함이 하나님의 명령을 요동함 없이 수행할 수 있었던 힘은 무엇일까요? 그것은 물론 아브라함이 하나님을 사랑하고 신뢰하였기 때문입니다. 하지만 그도 아들을 사랑하는 평범한 아버지입니다. 사랑하는 아들이 이제 곧 죽게 되는데, 이런 상황 앞에서 마음이 요동치지 않는 부모는 없는 것입니다. 아브라함 또한 마찬가지입니다. 그러나 아브라함은 하나님의 말씀에 순종하기 위하여 그는 요동치는 자신의 마음을 하나의 생각으로 정리하였습니다. 그리고 그 생각을 강하게 붙잡은 것입니다. 그렇다면, 그 생각은 무엇인가요? 그 생각에 대하여 히브리서에서 다음과 같이 설명합니다.

"저(아브라함)가 하나님이 능히 죽은 자 가운데서 (이삭을)다시 살리실 줄로 생각한지라(히11:19)"

그것이 바로 '이삭이 다시 살 것이다'라고 믿은 것입니다. 비록 이삭이 제물로 죽지만 하나님이 언약한 자손이므로 하나님이 다시 그를 살리실 것이라고 생각한 것입니다. 아브라함은 그 생각을 믿음으로 붙잡았습니다. 그렇기 때문에 아브라함은 그 두려운 길을 떠날 수 있었던 것입니다. 아브라함은 하나님의 말씀에 순종하기 위하여 자신에게 유리하게 하나님이 하실 일을 해석하였던 것입니다.

그렇다면, 과연 아브라함의 생각대로 하나님이 이삭은 죽음에서 부활시켰나요? 그렇지 않습니다. 하나님은 이삭이 죽음을 당하는 순간에 이삭을 대신하여 수양으로 제물을 바꿉니다. 아브라함의 생각과 하나님의 계획이 달랐던 것입니다. 한마디로 말해서 하나님이 하실 일에 대한 아브라함의 해석은 틀린 것입니다.

아브라함이 하나님의 뜻을 잘못 해석하고 그것을 믿었다고 하여 그 믿음이 틀렸다고 비난할 수 있을까요? 아무도 그를 비난할 수 없습니다. 오히려 하나님은 그를 우리의 믿음의 조상으로 여기셨습니다. 그가 우리의 믿음의 표본이라는 뜻입니다. 오류가 있었던 그 믿음을 하나님은 우리 인생들이 따라야 할 표준으로 제시한 것입니다.

우리는 그 누구도 하나님의 뜻을 완벽하게 알 수 없습니다. 그 누구도 이것이 성경의 완벽한 해석이라고 말할 수 없습니다. 우리는 성경 해석의 완벽을 추구하는 만큼 성경 해석의 목적을 분명히 해야 합니다. 성경을 해석하는 목적은 우리의 높은 지식과 명철한 두뇌를 자랑하려 함이 아닙니다.

하나님을 더 사랑하고 더 신뢰하기 위해서입니다. 이 책은 우리의 믿음을 흔들려는 세상의 학문과 논리와 지식에 맞서기 위한 작은 몸부림입니다. 하나님과 천국이 있고, 하나님만이 유일한 창조주시며, 그가 우리를 사랑한다는 것과 오직 예수님만이 우리의 유일한 구원의 길이라는 이 진리를 더욱 진리 되게 하기 위함입니다.

지금 우리 시대는 더 완벽한 해석이 필요한 시대가 아닙니다. 지금 우리 시대는 하나님의 뜻을 따라야 할 시대입니다. 우리는 하나님의 뜻을 몰라서 따르지 않는 것이 아닙니다. 우리는 모두 하나님의 뜻을 잘 알고 있습니다. 단지 따르기 싫을 뿐입니다. '너의 독자를 바치라'는 고통스러운 명령에 대하여 우리는 순종할 수 있는 조건들을 찾는 것이 아니라, 순종할 수 없는 조건들을 찾기 때문에 하나님의 뜻을 따를 수 없는 것입니다.

신앙생활이란, 하나님 앞에서 자신을 점검하는 과정입니다. 나를 쳐서 하나님께 복종시키는 과정입니다. 나의 뜻과 욕망과 하나님에 대한 원망을 넘어서 그를 사랑하는 연습입니다. 우리는 많이 아는 것을 경계해야 합니다. 안다는 사실이 나를 속이기 때문입니다. 세상의 지식 뿐 아니라 하나님에 대해서도 마찬가지입니다. 하나님을 아는 것과 하나님을 사랑하는 것은 별개이기 때문입니다. 무엇이 맞는가? 틀리는가? 보다는 내가 하나님을 사랑하는가? 내가 하나님의 뜻에 순종하는가? 끊임없이 점검하해야 하는 것입니다. 이것이 바로 하나님이 우리에게 원하시는 것입니다. 우리가 따라야 할 길입니다. 감사합니다.